Peter Rosegger

Alpengeschichten

Peter Rosegger

Alpengeschichten

ISBN/EAN: 9783743378179

Hergestellt in Europa, USA, Kanada, Australien, Japan

Cover: Foto ©ninafisch / pixelio.de

Manufactured and distributed by brebook publishing software (www.brebook.com)

Peter Rosegger

Alpengeschichten

Alpengeschichten

Von

Peter Rosegger

Illustriert von **Fritz Reiß**

Dritte Auflage

Stuttgart
Carl Krabbe Verlag
Erich Gußmann

Alle Rechte vorbehalten.

Carl Hammer Hofbuchdruckerei, Stuttgart.

Vorwort

Diese vier Alpengeschichten dürften vereint mit einer größeren Sammlung in ihrem Leipziger Verlage erst nach Jahren erscheinen. Also haben sie mittlerweile Zeit, auf Einladung einen Abstecher nach Stuttgart zu machen, um von dort aus in der „Illustrierten Reisebibliothek" mit leichtem Gepäck eine fröhliche Fahrt durch deutsche Lande zu unternehmen. Möchten diese Geschichten die Eigenschaft besitzen, gelegentlich auch Bummelzüge zu Schnellzügen zu machen, was ja mancher kurzweiligen Historie schon gelungen sein soll. Denn gute Unterhaltung verkürzt die Zeit und verlängert das Leben. Also glückliche Reise dem Büchlein und seinen Freunden!

Graz, im Winter 1896.

Der Verfasser

Inhalt

	Seite
Lieb und Haß im Gebirge	1
Die Büßer von Kinigl	17
Arme Sünder	45
Dämon Buchstabe	58

Lieb und Haß im Gebirge.

"Justina!" flüstert er.

Es bleibt still, nur der Brunnen rauscht unter den Wänden.

"Justina!" lockt er.

Der Nachtvogel krächzt im Gezirm.

"Justina!" ruft er und klopft ans Fenster.

"Jetzt hör' mir aber einmal auf!" schreit es drinnen in der Hütte, "diese verdammte Remplerei soll schon der Teufel holen übereinand!"

Jetzt weiß er wenigstens, daß sie daheim ist und daß sie nicht schläft.

"Justina," sagt er und hält sein Haupt ganz an die Fensterscheibe hin. "Dasmal ist's wohl keine Remplerei, bewahr' mich Gott!"

"Jessas!" kreischt sie drinnen. "Das — das wird doch der Marl nit sein!"

"Er ist's freilich wohl, meine liebe Dirn. Und

er kommt heut mit gerungenen Händen zu dir, und daß du ihn in die Hütten sollst lassen!"

Die beiden Hände, an denen ein Kettlein rasselt, hält er hin, stößt mit ihnen das Fenster auf, daß die Scheibe in Scherben niederklingelt.

Sie drinnen macht einen heftigen Atemstoß und sagt hernach: „Wie aber du eins schrecken kannst! Jetzt hab' ich hell gemeint, du wärst geschlossen (gefesselt)!"

„Wird schier nit anders sein, meine liebe Dirn. Laß dir's sagen. Ich bin ausgebrochen."

„Heilige Mutter Anna!" schreit sie und springt aus dem Bett. „Du wirst doch nit eingesperrt gewesen sein!"

„Daß ich den Hirschen geschossen und den Jäger geprügelt hab, wirst doch wissen. Nit? Nu, so hab' ich dir's jetzt gesagt. Am Samstag vor acht Tagen. Im Kreßwald. Noch dieweil ich ihm mit dem Griesbeil den Buckel dresch', denk' ich mir: Man sollt' dich eigentlich ganz derschlagen, sonst verratst mich und ich werd' eingesperrt. Denn ich bin so dumm gewesen und hab' mich nit angerußt gehabt. Na, zuerst ist er eine Weil liegen geblieben, dann wieder aufgestanden und zum Gericht gegangen. In der Sonntagfrüh weckt mich schon der Gendarm auf und gleich in den Kotter. Jetzt, weil sie mich nit geschwind gehenkt haben, so ist mir die Zeit lang geworden, hab' aus Langweil das Fenstergatter wollen ausbrechen. Das ist wieder dem Profosen, oder wie der Herbergvater heißt, nit recht gewesen und er hat mir Eisen angelegt. Das hat mir die Arbeit wolter umständlich gemacht, aber in der dritten Nacht bin ich doch fertig gewesen mit dem Fenstergatter. Jetzt wär' ich halt da und jetzt mußt einmal du mein Schutzengel sein, Justina."

„Bist aber doch ein rechter Halbnarr!" entgegnet das Dirndl, dieweil sie in der Eile ihren Kittel umwirst. „Beim Fenster 'naus und beim Fenster wieder 'nein, was ist denn das für eine Mode!"

„Geh, Schatz, mach die Thür auf. Beim Fenster gehts heut' nit. Und mir ist kalt."

„Einem Mannsbild aufmachen bei der Nacht, das ist ein teurer Spaß."

„Plausch nit und mach auf. Wenn einer in solcher Not ist, wie ich heut bin, da denkt man an nichts. Jeden Augenblick können sie da sein. Du mußt mich verstecken. Ich will dir's nimmer vergessen, Justina, mein Lebtag nit, wenn du mir jetzt aushilfst."

Da macht sie eilends Licht, geht aufmachen, und er schlüpft zur Thür hinein. Ein bildsauberer Kerl, ohne Hut und ohne Rock, doch wohl in der Kniehose des Holzknechts und — mit gefesselten Händen.

Sie bleibt starr vor ihm stehen, den Span leuchtet sie ihm ins Gesicht, daß er zuckt mit den Augen.

„Sag mir's heilig, Maxl, hast sonst nichts angestellt?"

„Wie ich gesagt hab, den Hirschen geschossen und den Jäger geprügelt. Hat mich ja gleich niederbrennen wollen, der Saggra, wie er mich laufen sieht im G'stauder, mit dem Wildpret. Ich geschwind alles weg und dieweil er schon glaubt, ich bin sein, da kriegt er's von mir. Das Gewehr hab ich ihm aus der Hand gewunden. Hätt ihn leicht kalt machen können, kein Mensch erfahren, wer. Wenn er gescheit ist, laßt er mich nimmer einfangen. Aber jetzt riegel die Thür zu, Dirndl, und lisch das Licht aus. Sie können auf einmal da sein."

„Die Thür will ich wohl zuriegeln, aber das Licht lösch ich nit aus, mein Bübel. Muß dich ja anschauen, wie sauber dir die Diebseisen stehen!"

Er will zornig werden über den Spott, aber das möchte leicht schaden, die Justine hat ihren eigenen Kopf. Zum Glück, daß dieser Kopf so herzig ist — ein rundes blühendes Gesichtlein, zwei tollkirschenschwarze Augen drinn, ein keckgestülptes Näschen und ein Lippenpaar, dem man's ansieht, daß es nicht zum Plaudern allein gegründet worden ist. Ein wahrer Frevel, solche Dirnlein in die Sennerei zu setzen auf die Alm. Der Almherr mag sich aber gedacht haben, daß Wildwässer im Thale viel gröber graben als auf der Höhe.

„Die Hauptsach ist," sagt jetzt der Bursche, „daß wir die Eisen von den Händen kriegen."

„Hast einen Schlüssel dazu?" fragt sie.

„Ja, den mußt schon beim Profosen holen."

„Nachher müssen wir was anderes probieren.

Mit der Feuerzange versuchen sie's und zwängen. Es geht nicht. Dann die Hände mit den Eisen auf einen Holzblock, die Hacke dran gesetzt, mit dem Schlegel draufgehauen. Es geht nicht, einen guten Stahl hat der Schmied genommen zu diesem verfluchten Armensünderkettlein.

„Aber halsen laßt es sich so besser," sagt der Marl und will seine aneinandergebundenen Arme über den Kopf des Dirndls streifen.

„Oho!" lacht sie zurückweichend, „just so! daß wir nachher nit auseinander kunnten!"

„Mir macht's ja nichts, wenn wir fest bei einander bleiben," meint der Bursch, „mir gefallen halt die zweidoppelten Leut so viel gut."

„Ein Gagg bist!" ruft sie aus. „Geh jetzt hinaus

ins Heu, morgen wenn's Licht wird, probieren wir noch einmal. Die dumme Ketten wird doch zu brechen sein."

Und am Morgen geht die Justina zeitlich hinüber zur Nachbarshütte und fragt nach einer Feile.

„Zu was brauchst denn du eine Feil?" sagt die andere Sennerin.

„Ja du, Mirzl, meiner Braunen, der thun die Hörner so viel krumm wachsen."

„Ja so, eine Hornfeil willst."

„Freilich wohl, Mirzl, liebste, eine Hornfeil will ich. Sei so gut, wenn du eine hast!"

Aber die Hornfeile thut es nicht. Nicht ein Ritzlein macht sie an der Kette, wie geschmiert gleitet sie darüber hin. Und soll der arme schöne Holzknecht Maxl sein Lebtag in Ketten schmachten! Wie der Bursch gar so hilflos vor ihr steht und seine Pfoten immer wie bittweise zusammenhält, da ist der Justina zum Weinen, so weh. Sie füttert die Ferkel mit Heublumtränke, milkt die Kühe, treibt sie auf die Weide und besiehlt dem Maxl, derweil acht zu geben auf die Hütte, sie gehe hinab zum Schmied. Und unten beim Schmied verfängt sie sich in ein Netz von Lügen, wozu sie die Eisenfeile brauche: Zum Sensen schärfen. „Aber dazu ist ja der Wetzstein!" Zum Dachnägel absfeilen. „Aber die Dachnägel sind ja hölzern!" Endlich sagt sie: Als Sympathiemittel müsse sie eine Feile haben.

Ihre Kühe hätten die Klauenseuche, und da habe man ihr geraten, den Viehern eine Eisenfeile auf den Nacken zu binden. Erst das leuchtet dem Schmied ein und er borgt ihr die Feile.

Um die Mittagszeit ist der Maxl los und ledig. „Und jetzt, Bübl, schau, daß du weiter kommst."

„Ich? Weiterkommen? Da möcht ich schon wissen wohin! In meinen Holzschlag etwa? Dahin ist wohl gewiß ihr erster Weg. Nach Niederweng hinüber? Da wird schon der Steckbrief voraus sein. Bei dir in der Hütten will ich bleiben und du mußt mich verstecken."

„Das kann ich nit leiden!" sagt sie.

„Nachher, meine liebe Dirn, bist du dran schuldig, wenn sie mich wieder abfangen. Und wenn du nachher in die Kirchen gehst Sonntags, werden die Leut mit den Fingern auf dich zeigen: das ist dieselbige, die ihren Schatz hat henken lassen."

Ihren Schatz? denkt sie, auch gut wenn er's glaubt. „Ich weiß was," sagt sie plötzlich. Dem Schmied trägt sie die Feile zurück, sie bedankt sich tausendmal und die Klauenseuche wäre davon gleich besser geworden, aber was anderes wäre über sie gekommen, ihre zwei Ferkeln hätten den Brand und da sei das beste Mittel dagegen, den armen Tierlein die Ohren balbieren und ob ihr der Meister nicht um Gotteswillen ein Balbiermesser leihen möchte?

Der Schmied hat zwar nur sein eigenes Balbiermesser, aber in der Not darf man den Leuten die

Hilfe nicht versagen. „Soll ich mitgehen oder kannst es selber machen?"

„Mein Gott, freilich! wie oft hab ich den Säuen schon die Ohren balbiert, daheim bei meiner Mutter!"

„Glaub dir's eh. Bring mir's halt wieder gut zurück."

Als sie mit dem Rasiermesser hinauf in die Hütte kommt und den Maxl dort verzagt hinten im Herdwinkel sitzen findet, sagt sie schneidig: „Jetzt geh her, Bübl, setz dich da auf die Butten. Jetzt wird dir das Schnurrbartel wegbalbiert!"

„Geh, laß die Narreteien bleiben, dafür bin ich schon einmal gar nit aufgelegt."

Sie stemmt die runden Arme in die Seiten, stellt sich vor ihn: „Nachher muß es der Herr Maxl schon selber sagen, wie ihm zu helfen ist. Ich hab' ein zweites Gewand in der Hütten und da hätt' ich gemeint, daß ich jetzt eine Stalldirn brauchen kunnt, die Futter macht. Ich werd' nit Zeit haben dazu, wenn die Herren Fanger kommen. Aber eine schnurrbartige Magd kann ich nit brauchen. Verstehst?"

Hat er sie endlich verstanden. Den feinen Schnurrbart vertraut er ihr aber nicht an, den schneidet er sich selber weg. Aber beim Anziehen der Weibskleider muß sie ihre Wissenschaft und Fertigkeit gar sehr hervorkehren. Wie unglaublich läppisch ein Mannsbild von Natur aus beschaffen ist, das zeigt sich erst, wenn

er Weibergewand anlegen soll, er kann keinen Kittel einhäkeln, keine Schürze binden, kein Busentuch falten, kein Strumpfband knüpfen, und erst beim Kopftuch! Als sie ihn eine Weile ausgelacht hat darüber, wie er mit dem Kopftuch herumthat, ohne damit zustande zu kommen, bindet sie es ihm selber um, knüpft es unter dem Kinn zusammen und zieht es vorne weit über die Augen, wie einen Blendschirm.

„So, jetzt ist die Waben fertig, jetzt soll sie die Futtersense nehmen und auf die Wiese hinaus, und jetzt können sie kommen."

Wie ungeschickt diese nagelneue Dirn dahergeht! Eckig, gspreizt und starr aufrecht, wie wenn sie einen Zaunstecken hätte geschluckt. Zum Glück krümmt die Arbeit den Menschen ein wenig, und beim Mähen und Rechen und Grastragen hätte es keiner gemerkt, daß dieses alte Weib im Kern ein sauberer Holzknecht ist.

So führen sie miteinander die Wirtschaft, aber doch nicht wie Hausvater und Hausmutter, sondern wie Frau und Magd. Schon reden sie von einem guten Glück, da steigt am dritten Tage der Jäger daher mit seinem roten Bart. Mit großen, leicht und vorsichtig auftretenden Schritten, wie Jäger zu gehen pflegen, schleicht er gegen Abend in die Hütte. In alle dunklen Winkel läßt er seine Augen fliegen, bemerkt aber niemanden, als die Sennerin Justina und eine alte Magd, die am Schweinstrog mit Tränke arbeitet. Er ist heute nicht so zuthunlich wie sonst, wenn er in dieser Hütte zugesprochen, der wohlbestallte Jäger, barsch fragt er, ob der Holzknecht Marxl auf dem Boden oben liege oder draußen im Stadl!

Oho! denkt sich die Justina, Jager, Jager, so dumm bin ich nit! Und sagt ganz betroffen: „Der

Holzknecht Maxl? Der ist ja eingesperrt, hört man. Hat ihn eh, glaub ich, der Herr Jager einsperren lassen."

„Er ist gesehen worden da auf der Alm."

„So! der muß gute Augen haben, der den Holzknecht jetzt auf der Alm hat gesehen."

Er nimmt sein Gewehr ab, lehnt es an die Wand und sein Gesicht wird gemütlicher, wie er nun das Dirndl anschaut. „Hab's ja ohnehin nicht geglaubt, daß so ein properes Mädel dem Faloten Unterstand sollt' geben," sagt er artig, „aber weil ich schon einmal da bin, so schlagst mir etliche Eier ins Schmalz, gelt! Ich will dir nicht zu sparsam sein, nachher."

„Eier im Schmalz, die soll Er haben," spricht sie bereitwillig, „thu' Er sich halt nieder beim Tischel dort. Will bald fertig sein." Die alte Magd ist hinausgegangen, die Justina macht Herdfeuer, thut Butter in eine Pfanne, läßt sie prasseln und schlägt dann ein halb Dutzend Eier hinein. Jäger haben ja alleweil so viel Hunger, und daß er ein rechter Eiermarder ist, das weiß sie schon. Für eins ein Silbergröschel! Von dem seinem Eiergeld will sie sich ein seidenes Schürzlein kaufen. Ei, ei, wenn die Holzknechte so viel Geld hätten als die Jäger! Bald setzt sie ihm die Speise vor: „Nur gleich essen, Eier im Schmalz muß man heiß essen!" Ihr ist darum zu thun, daß er vor der Dämmerung fertig wird und nicht etwa wieder auf den Gedanken kommt, in der Hütte zu nächtigen.

Auf den Gedanken kommt der Jäger aber merkwürdigerweise doch. Zuerst zieht er aus dem Lodenrock seinen Schnapsplutzer, heut' hätte er einen Guten bei sich! Thut dann einen prächtigen Zug und lad't auch die Justina ein, sein Kirschwasser zu verkosten.

„Dank schön, ich thät rauschig werden," lacht sie.

„Ein bissel rauschig, das steht den sauberen Dirndln gar so gut," meint er. „Du schau, auf dieser Bank ist's gut sitzen." Faßt sie um die Mitte und zieht sie nieder auf sein Knie.

Die alte Magd ist wieder da, mit verbundenem Kopf, sie hat Zahnweh; heftig ist sie mit dem Besen beschäftigt, an der Holzwand die Spinnenweben abzufegen und weiß dabei des Gewehres habhaft zu werden. Dieweilen schaukelt der Jäger mit dem roten Bart das geduldige Dirndel auf dem Knie, mit dem einen Arm umschlingt er sie, in der anderen Hand hält er den Plutzer und in heißem Flüstern schildert er ihr die Güte des Kirschwassers. Sie lauscht ihm, scheint es, nicht ungern, preßt aber die Lippen zusammen, als er mit dem Plutzer in ihre Nähe kommt.

„Mich scheikt's vor Branntwein!" haucht sie und ein Schauer geht durch ihren Leib.

„Man kann auch Zucker dazu nehmen," bemerkt er. „Wirst sehen, Schatz, wie das warm macht ums Herzl . . ."

„Mein lieber Jager, mach' Reu und Leid!" Von der Thür her ruft's eine Männerstimme, dort steht die alte Magd stramm aufgerichtet und zielt mit dem Schießgewehre schnurgerade auf den Jäger hin. Dieser springt auf, bleibt aber starr stehen und wird blaß.

„Heut' hab' ich dich so, wie vor etlichen Tagen du mich gehabt hast!" sagt der Mann im Weiberge=

wand, „kennst du mich?" Das Kopftuch ist ihm in den Nacken gerutscht, der struppige Kopf und im braunen Gesicht zwei glühende Augen. „Kennst du mich, Jager?"

Sucht es der Jäger ins Harmlose zu ziehen und sagt gleichsam gutmütig grollend: „Mach' keine Dummheiten mit dem Gewehr, es könnt' losgehen!"

„Meinst? Möglich ist's schon. Heut, Jager, bist du in meinem Gai! Gelt, wie du mir in den Kotter hinein so lustig hast nachgelacht, da hast dir's nit denken mögen, daß wir uns da heroben so gemütlich wiedersehen sollten, gelt? Bleib stehen, Jager, sonst geht's los!" Denn der Jäger schleicht an der Wand hin und sucht ihm seitlings beizukommen. Der Holzknecht weicht nicht von seinem Posten und kehrt dem Gegner immer das Rohr zu.

„Was ist jetzt zu machen?" frägt er wie plaudernd, „daß ich deinetwegen ein Mordsgesell werden soll, ist mir verdammt zuwider. Und thu' ich's nit, so verratst mich und kann's mir ein paar Jahr kosten. Werd' ich halt doch müssen losdrucken. Ihr Jager spart's es ja auch nit, wenn ihr einmal einen armen Wildschützen niedertauchen könnt's."

„Meine Büchsen gieb mir!" schreit der Jäger. „Und nachher geh zum Teufel, wohin du willst. Nur daß du dich in meinem Revier nimmer blicken läßt! Dann will ich weiter nichts gesehen haben."

„Das ist eine Red', Jager! Wenn du mir darauf auch noch dein Ehrenwort giebst, nachher sind wir handelseins."

„Was ich sag', dabei bleibt's!"

„Ich möcht' nur noch darüber deine Meinung wissen, Jager, welcher von uns zweien heut' in der Hütten bleibt und welcher fortgeht."

„Meinetwegen mach' was du willst, ich steh' auf die dumme Hütten nit an."

„Ist das auch gewiß?"

„Zum Teufel, ja!" schreit der Jäger.

„Du bist ein verfluchter Jager, aber Hundsfott bist keins. — Da hast deine Büchsen."

Wie der Jäger sein Gewehr in der Hand hat, tritt er ein paar Schritte zurück und hebt langsam das Rohr. Wehrlos steht der Holzknecht da, die Justina faltet ihre Hände in stummer Angst, was da werden soll. Der Jäger weidet an beiden seinen herrischen Blick und legt den Finger an den Hahn. — In diesem Augenblick gehört ihr mein, alle zwei! Aber nein, so nicht! Heute nicht! — Dann schlägt er sich die Faust auf die breite Brust, daß es dröhnt, und stürzt zur Thür hinaus.

Der Maxl kann hierauf das Weibergewand von seinem schlanken Leibe streifen. Er macht der Justina den Vorschlag, so lange in der Almhütte zu verbleiben, bis der Schnurrbart wieder gewachsen ist.

„Wenn's dich freut, Bübel, so kannst in dieser Hütte bleiben bis er grau ist," sagt die Justina. An einem der nächsten Tage zieht sie mit ihrer Herde zu Thale, denn es ist Herbst geworden.

Im darauffolgenden Frühjahre sollte ihre Hochzeit sein. Am Vorabende wird der Bräutigam im Hage gefunden — mausetot geschossen.

Die Büsser von Kinigl.

Eine Dorfgeschichte aus Steiermark.

Was darf ich dir bringen, Maurer? fragte der Straßerwirt den Eingetretenen.

Dieser setzte sich behäbig zum großen Tisch, tat seine juchtenlederne Cigarrentasche hervor, nahm sich einen „Rattenschweif" (Virginia-Cigarre) heraus und steckte ihn mit einem Streichhölzchen, das er aus dem Behälter auf dem Tisch nahm, in Brand. „Ein Bier kannst mir bringen und Aufgeschnittenes, wenn du hast," sagte er, „man muß sich noch ein wenig was Gutes thun, bevor die Bußzeit kommt. Das wohl."

Es war nämlich etliche Wochen früher, just in der Nacht zum 1. Mai, in der Gegend ein Erdbeben ge=

wesen, das hatte die Häuser erschüttert und die Ge=
wissen erschreckt. Es giebt auch nichts Unangenehmeres,
als wenn die Mauern bersten und der Erdboden
wankt unter den Füßen. Und wenn hinter dem jähen
Tod erst noch die Hölle offen steht! Die Leute waren
auch etwas ungebunden gewesen die letzten Jahre her.
Die sieben Hauptsünden waren nachgerade epidemisch
geworden. Nun hatte der Pfarrer zu Kinigl auf
Drängen der Ältesten der Gemeinde neun Bußtage
angeordnet, die zur nahen Pfingstzeit durch eine Wall=
fahrt nach der Kirche zum Heiligen Lamm eingeleitet
werden sollten.

„Die Wirte kriegen extra eine strenge Buß,"
spottete jetzt nach dem ersten scharfen Trunk der
Maurer, „die müssen — hab ich gehört — bei der
Wallfahrtsprozession hinter dem Fahnenträger ein
großes Wasserfaß vor sich herwälzen. Ja, das wohl!"

Der Wirt entgegnete ernsthaft: „Daß Wasser in
den Wein muß, ist wohl nichts Neues, weißt! Und
ich will das Wasser, das ich unrechtmäßiger Weise
in den Wein gemischt habe, recht gern vor mir her=
wälzen. Auch über die Alm hinüber."

„Ist auch nicht so gemeint," begütigte der Maurer,
„bei dir findet man noch jederzeit ein gutes Tröpfel."

Der Sträßerwirt war noch sehr jung und das
goldblonde Backen= und Schnurrbärtchen, das erst auf=
flaumte, wollte er doch schon hübsch zu einem „Kaiser=
bart" kämmen. Vor kurzem waren seine Eltern nach=

einander gestorben, da lagen auf seinen etwas schmalen Schultern plötzlich die Wirtschaft und das Gasthaus und allerhand andere Sorgen. Auch an's Heiraten mußte oder vielmehr durfte er nun denken, denn es stand irgendwo eine auf der Welt, und gerade mitten drin, und alles andere, was da war, die Gärten, die Wälder, die Schneeberge, die Dörfer und Schlösser und das Firmament und der ganze Mai mit seiner Rosen= und Vogelherrlichkeit rankte sich nur als Zier um diese eine Einzige: seine Agnes.

Der Maurer war sein bester Freund. Der war um etliche Jahre älter und körniger und gewitzigter als der junge Wirt, welcher bisher eigentlich nicht viel zu thun gehabt hatte auf Erden, als ein Mutter= söhnlein zu sein. Der Maurer hatte ein schier feines Gesicht und ein munteres Auge und einen gespitzten dunklen Schnurrbart. Er trug ein schwarzes Tuch= gewand und eine hellrote, seidene Halsbinde vor dem schneeweißen Hemdkragen. Er war wohlbestellter Maurermeister in Kinigl und schon von Schulzeiten her ein guter Bekannter des Wirtssohnes. Wenn sie sich als Knaben gebalgt hatten, war freilich das Wirts= söhnlein immer untenauf gelegen, später jedoch hatte sich der Maurer recht brav zu einem Freund heraus= gewachsen, was nicht zu seinem Schaden ausschlug im Wirtshaus.

Weil sonst kein Gast zu bedienen war und der Maurer das Seine nun hatte, so setzte sich der Wirt zu ihm an den Tisch und steckte auch eine in den Mund.

„Aber mit gehst doch, nach dem Heiligen Lamm?" fragte der Maurer, das angefangene Gespräch gleichgiltiger Weise fortsetzend.

„Safra!" versetzte der Wirt, „bei mir wird's es nicht thun. Ich hab sonst noch niemand und es kommen die Fuhrleute, auch Reisende giebt's um solche Zeit. Ich muß freilich wohl daheim bleiben."

„Es thut sich auch bei mir nicht recht schön, daß ich gehe," sagte der Maurer. „Der Bäcker und der Grabenbauer möchten ihre Sprünge schon gern verschmiert haben. Dem Bäcker sein Pferdestall hat schauderhafte Sprünge. Nun, ist er so lang gestanden, wird er noch länger stehen, ich gehe mit der Prozession über die Alm nach dem Lamm. Der Mensch muß dankbar sein, ich habe heuer ein gutes Jahr. Das wohl."

„Ah so, du gehst dich für das Erdbeben bedanken," lachte der Wirt.

„All miteinander gehen sich für's Erdbeben bedanken," gab der Maurer zurück, „mögen froh sein, daß es uns nicht mit Haut und Haar in die Erden hinabgebeutelt hat."

„Ist eh wahr," gab der Wirt verständig bei. Dann machte er etliche starke Züge aus seiner Cigarre — ohne zu bedenken, daß ihm solches nachträglich nicht immer gut anschlug — und wie er so den Rauch vor sich hinblies, blies er auch wie unversehens das Wort hin: „Die Agnes geht auch mit der Prozession."

„Da wollt ich an deiner Stell erst recht nicht daheim bleiben," antwortete der Maurer.

Der junge Straßerwirt neigte beistimmend den Kopf und sagte leise: „Ich hab sie höllisch gern."

„Ist auch ein feines Dirndl," gab der Maurer bei.

„Du weißt ja auch, wie dem Menschen ist, wenn er eine gern hat, seit du deine Kathrin hast," bemerkte der Wirt.

Der Maurer neigte beistimmend sein Haupt.

Der Wirt lehnte sich zurück an seinen Sessel, die Hand auf den Tisch, trommelte er ein wenig mit den Fingern und sagte: „Mir ist's halt gar nicht recht, daß sie mit der Prozession geht. Aber ich mag ihr's nicht sagen, daß sie nicht glauben kunnt der Eifersucht wegen. Eifersüchtig bin ich nicht, aber schon gar nicht, nur viel gelegen ist mir an ihr, und das würde jedem so sein."

„Ganz natürlich. Freilich. Das wohl," bestätigte der Maurer.

„Ich hab sie in Ehren gehalten bis dato; ich kann dir mein Wort geben, daß ich sie nicht angerührt hab, weißt. — Wenn die Hochzeit so nahe vor der Thür ist, müßt einer ein Narr sein, wenn er das Weib nicht mit aller Ehr und Bravheit in sein Haus führen wollt. So denk halt ich mir. — Darf ich noch einmal nachfüllen?"

„Freilich wohl noch einmal."

Als der Wirt das zweite Glas Bier auf den Tisch gestellt und sich wieder hingesetzt hatte, that er die Frage: „Wie lang wird sie denn aus sein, die Prozession?"

Der Maurer war gerade mitten im Trunk, er setzte der Antwort wegen nicht ab, trank das Glas bis zur Hälfte leer, strich dann seinen Schnurrbart glatt, steckte die Cigarre in den Mund und sagte nun: „Einen Tag hinüber, einen Tag drüben, einen Tag herüber."

„Also drei Tage. Und wird gewiß ein recht großer Schock sein."

„Die halbe Pfarr. Jung und Alt."

„Zu stark wird's sein für Weibsbilder."

„Allein möchte ich keine schicken über die Alm. Aber im Kreuz (in der Prozession) da geht's. Eines hilft dem andern weiter."

„Gelt, Julius," sagte nun der junge Wirt, „du bist so gut und schauest mir ein wenig auf die Agnes. Daß sie sich nicht überlauft, daß sie in der Hitze keinen kalten Trunk thut und etwan krank heimkommt."

„Will schon aufpassen," antwortete der Maurer, „wie wenn sie meine Schwester wär, das wohl, dir zu lieb."

„Auf ein paar Liter Österreicher kommt's mir nicht an. Und auf der Nachtherberg — du bist so gut und sorgst, daß sie ein besonderes Stübel hat, oder mit älteren Weibsbildern eins. Du weißt ja, wie's oft zugehen kann bei so einer Wallfahrt, wo allerhand Leut zusammenkommen. Thu ein wenig achtgeben, Maurer. Wenn mir einer über das Mädel käm, ich wüßt nicht, was ich thät!" Eine lohe Glut flammte über sein Gesicht und schlug wie ein Blitz zu den Augen heraus. Er war einen Moment schier verändert.

„Ich glaub dir's," sagte der Maurer, „ich versteh dich schon. Kannst dich verlassen, Anton. Will schon aufpassen."

Es kamen Fuhrleute, und das Gespräch war gebrochen. Die Sache war ja ohnehin schon festgemacht. Als der Maurer sich später zum Fortgehen herrichtete und so eine Weile umständlich im Sack stierte, klopfte ihm der Wirt auf die Achsel und sagte halblaut: „Laß gut sein, Julius." — Der Maurer antwortete: „Gut ist's. Dank schön."

An demselben Abende hielt sich der Straßerwirt sehr streng an die Polizeiordnung. Schon um zehn Uhr sperrte er das Haus zu. Er ging zu seiner Agnes. Zum Starhof ging er hinaus, dort stellte er sich an's Fenster einer Hinterstube. Hinter dem Fenster war sie drinnen. Der Anton hat's gut, er braucht nur ihre freundliche weiche Stimme zu hören und sieht im Geiste ihre ganze Schönheit. Der Leser hat sie noch nie gesehen und weiß nicht, ob sie schwarz ist oder braun, groß oder klein, ob sie im Kinn das

Schönheitsgrübchen hat oder wie sich die Wänglein runden, wenn sie lächelt. Es ist eine wahre Pein, wenn man nichts weiß. Aber horchen wollen wir, denn die beiden pflegen flüsternd eine wichtige Unterredung. — Zunächst Jakobi also, das dauert noch acht Wochen. Dann werden sie Mann und Weib. Er malt die schöne Zeit aus, die da kommen wird, denn man kann auch im Finstern malen. Sie wird die Straßerwirtin sein, dann wollen sie auch auskochen (den Gästen gekochte Speisen verabreichen), manchmal wollen sie den Gästen was vorsingen, denn sie hat eine wunderschöne Stimme und er kann Zither spielen dazu. Des Abends wollen sie rechtzeitig das Thor zusperren, von den Stunden, die ihnen ganz allein angehören, lassen sie sich keine abzwicken. Wie sie das Schlafzimmer ausgemalt haben wolle? fragt er. — Blumig ist's ihr am liebsten, und nelkenrote Vorhänge. Der Betteinrichtung wegen fragt er sie, ob Decken, ob Tuchend, und ob sie Doppelkissen gewohnt sei — denn der Schlucker weiß noch gar nichts. Sie meint, das werde sich noch alles finden, und ob er denn wirklich nicht mitgehen könne nach dem Heiligen Lamm? — Dann müsse er das Wirtshaus rein zusperren und dazu sei gar nicht einmal die Erlaubnis da. Ob denn sie — die Agnes — wirklich so bußfertig sei und die Wallfahrt mitmachen wolle? — Buße, meinte das Mädchen, habe sie auch nicht mehr vonnöten, als andere Leute, aber ihrer Freundin, der

Engelbergerin, habe sie's versprochen, dabei zu sein. Sie komme ohnehin sonst nirgends hin und über die Alm möchte sie doch einmal gehen.

„Ist eh recht," sagte der Wirt, „ist eh recht. Und wenn dir was fehlen sollt unterwegs, oder sonst, so thu's nur dem Maurer Julius sagen, der geht auch mit. Die Seinige wahrscheinlich ebenfalls. Wird schon schauen auf dich."

„Hi, hi," lachte das Mädchen drinnen, „zu was ich etwan den Maurer thät brauchen. Mir hat das Erdbeben nichts zusammengebeutelt."

„Hast auch ganz recht, Dirndl," sagte er und war sehr beruhigt. Dann ging er heim.

* * *

Am Pfingstsamstag in der Morgenfrüh zog zu Kinigl die Prozession aus. Als sie mit wehender Fahne und schallendem Gesang am Straßerwirtshaus vorbei kam, guckte der Anton an einer Fensterecke heraus. Die Agnes ging gar ehrbar unter den Weibern, trug ein Handbündel an den Arm geknüpft und unter den breiten Krämpen des weißen Strohhutes schaute sie verstohlen gegen das Wirtshaus hin und sah richtig hinter dem Fenster von ihm die eine Wange und ein zärtlich blickendes Auge. Weiter that sie nichts desgleichen und der lange Zug wallte vorüber.

Jetzt haben wir sie gesehen. Sie ist nicht zu groß und nicht zu klein, noch gar jung, aber schon hübsch rundlich über und über. Goldblondes Haar hat sie, wie er; wie es gekraust ist, das können wir des Strohhutes wegen jetzt nicht erfahren. Große runde Augen, blauer als Veilchen, und hochgewölbt, weswegen sie auch etwas kurzsichtig ist. Das Näschen war einem für den ersten Augenblick eher zu klein, als zu groß, man gewöhnt sich aber sehr bald an solche niedliche und kecke Stumpfnäschen. Der Mund mit den vollen kirschroten Lippen war so klein, daß es bei der Agnes nicht so sein konnte, wie bei anderen Bauerndirnlein, die ganze Zwetschen in den Mund stecken können und dann mitsamt dem Kern verschlucken. Aber daß sie auch vom Naschen was weiß, die Agnes, das verraten die kleinen weißen Zähnchen, die ein wenig leckerig zwischen den Lippen hervorschimmern. Das Kinn ist wohl rund und herzig, aber das Schönheitsgrübchen ist nicht drin, hingegen bilden sich, wenn sie lacht, an den Wangen zwei Grübchen, die — so leicht und klein sie sind — mir ein Abgrund werden könnten, ich gestehe es offen.

Es war eine maienhafte Lieblichkeit an dieser Gestalt trotz des dunkelblauen Gewandes, das sie an hatte und trotz manch harten Tages, der in ihrem Leben lag. Ein Schwesterkind des Starhofers war sie, ein unbestelltes Schwesterkind, das bei der Geburt der Mutter das Leben genommen hatte und deswegen wie eine kleine Missethäterin, welche die Familie an der Ehre geschädigt, eigentlich nur geduldet wurde im Starhofe. Als sie aber nun so schön aufgeblüht war und Nachfrage nach ihr entstand, und als gar der junge, wohlhabende und brave Straßerwirt um ihre

Hand warb, da wurde sie dem Vetter Starhofer lieb
und er freute sich, daß das feine kluge Dirndl die
Unehr in Ehr verwandeln werde.

Der Starhofer selber war nicht bei der Wallfahrt.
Der war beim Erdbeben über den Schreck in ein
Nervenfieber gefallen, aus dem er sich noch nicht so
weit erholt hatte, um den Bußgang über die Alm
mitmachen zu können. Der Maurer Julius ging mit
dem Tischlermeister und dem Greilberger Sohn aus
Kinigl hinter der Kreuzschar drein um plaudern und
rauchen zu können. Sie würden unterwegs noch
genug singen und beten, war ihre Meinung. Wenn
der Maurer zufällig die Agnes erblickte, so sah er,
daß an ihr alles in Ordnung war. Später, als sie
in's Gebirge kamen und der Weg bergauf zog, nahte
er sich ihr und fragte sie, ob er ihr nicht etwa das
Bündel tragen dürfe. Sie dankte recht schön. Hoch
oben auf den grünen Weiden der Alm, unweit einer
einschichtigen Sennhütte, setzte sich die ganze Schar
auf weiße Steine oder auf das Federgras und rastete.
Wer Kuchen mit hatte, der aß Kuchen, den anderen
schmeckte auch das Schwarzbrot.

Der Maurer hatte ein plattes Glasfläschchen bei
sich. Daran war auf einer Seite Roß und Reiter,
auf der anderen ein schöner Adler eingepreßt. Der
Inhalt war Rotwein, und damit kam er nun zur
Agnes und trug ihr einen Trunk an. Da sie wieder
nicht wollte, so sagte er, eine junge Wirtin müsse

sich an den Wein gewöhnen und er würde den Trunk seinerzeit schon wiederzurückverlangen. Hierauf nippte sie an der Flasche, wischte sich mit dem weißen Sacktüchlein das Mündchen und sagte: „Vergelt's Gott."

Gegen Abend kamen sie zur Kirche, welche dem Lamme Gottes geweiht ist.

Sie steht als Stiftskirche in einem weiten Thale, das von hohen Felsbergen umgeben ist, auf einem steilen Hügel, und hat zwei Kuppeltürme. Sie leuchtete den Wallfahrern schon von weitem entgegen und die Knaufe an den Türmen funkelten in der Abendsonne wie zwei Glühlichter. Unten um den Hügel herum steht ein großes Dorf mit vielen Einkehrhäusern und Krämerbuden.

Die von Kinigl hielten ihre Begrüßungsandacht vor dem Lamme Gottes, das über dem Hochaltare in einer Nische steht, wie pures Gold glänzt und ein rotes Osterfähnlein hält. Manche der Wallfahrer schauten, ob diese Kirche denn Sprünge habe. Sie hatte nicht einen, weil ja erstens die Engel dieses Gotteshaus beschützt hatten, und weil zweitens in dieser Gegend das Erdbeben kaum verspürt worden war. Nach der Andacht zerstreuten sich die Büßer von Kinigl in die Gasthäuser; der Maurer kehrte zum Goldenen Bären ein, wo auch die Agnes Unterkunft genommen hatte. Aber es war kein Anlaß, sie zu beschirmen und zu betreuen.

Am nächsten Tage war feierlicher Gottesdienst und große Bußpredigt, gehalten vom Prälaten des Gnadenortes zum Heiligen Lamm. Er sagte sehr schön, wie die grauen Ungeheuer in der Erde, vor deren Atem alle Menschenwerke erbeben, durch ein Lämmlein besiegt werden, weil dieses Lämmlein die ewige Unschuld und Liebe sei — das Lamm Gottes. Nicht in Löwen oder Elefanten, Haifischen oder Drachen habe sich der ewige, gewaltige, allmächtige Gott versinnbildlichen wollen, sondern in einem zarten kindlichen Lämmlein. Und das Milde und Sanfte sei die höchste Herrlichkeit, und das Liebliche und Geduldige sei die Erlösung.

In der von Menschen überfüllten Kirche war es schwül und dunstig. Der Maurer sah, wie Agnes sachte anhub, sich zwischen den Leuten durchzuwinden, dem Ausgange zu. Ihr Gesicht war blasser als sonst. Kein Mensch kümmerte sich weiter um das Mädchen, sondern jeder horchte auf die Predigt. Der Maurer ging dem Mädchen nach. Draußen hinter der Kirche fand er sie sitzen auf einem umgefallenen Grabstein, ihren Kopf auf den Ellbogen gestützt und das Sacktuch an die Stirn gedrückt. Er eilte zum Pfarrhofbrunnen und brachte Wasser. Sie nahm einen Schluck und sagte: „Es ist schon wieder gut."

„Agnes," sagte der Maurer und setzte sich neben sie hin auf das Gras, „du mußt es nicht so ernst nehmen mit der Buße. Du bist den weiten Weg nicht gewohnt, hast ungleich gegessen und vielleicht schlecht geschlafen auf dem Stroh. Jetzt stehst seit aller Herrgottsfrüh in der dunstigen Kirche und hast nichts warmes im Magen. Geh, komm mit zum Bären, ich laß dir einen Kaffee geben."

Sie winkte unwillig mit der Hand: „Laß mich in Ruh und schau auf dich selber!"

Ein Achselzucken, dann ging er wieder in die Kirche. Und als das Hochamt war, sah er die Agnes schon wieder stehen an einem Seitenaltar und aus ihrem kleinen Gebetbüchlein lesen.

Es ereignete sich den ganzen Tag nichts merk=
würdiges. Am Abend, beim Goldenen Bären, als die Agnes zu ihrer Schlafkammer hinaufsteigen wollte — ihre Freundin, die Engelbergerin, war nie bei ihr zu sehen, denn das war eine junge Witfrau und hielt sich gern bei einem stattlichen Manne auf, mit dem sie auf dieser Bußwallfahrt einen neuen Ehestand richtig zu machen hatte — als die Agnes nun allein hinaufsteigen wollte, stand an der Stiege der Maurer.

"Gute Nacht, Maurer," sagte sie und hielt ihm lächelnd die Hand hin, "ist mir nicht unlieb, daß ich dich noch sehe. Du mußt nicht böse sein auf mich, daß ich dich heute so harb angefahren hab, wo du mir's gut ge=
meint hast."

"Agnes!" entgegnete er und hielt ihre Hand fest, "auf dich kunnt ich nicht böse sein und du möchtest schon machen was du wolltest."

"Bedank mich schön!" war ihre Antwort.

"Nein du, das ist nicht so gemeint!" beteuerte er. "Wenn ich's recht bedenk, es ist gerade umgekehrt, und ich wüßt keinen Menschen in Kinigl und weitum nicht, und keinen auf der Welt, der mich so tief be=
leidigen kunnt als wie du."

"Bedank mich noch einmal!" lachte sie, entwand

ihre Hand der seinen, eilte in die Kammer und stieß den Holzriegel vor die Thür, daß es klappte.

Am nächsten Morgen, nachdem die Büßer von Kinigl dem Heiligen Lamm noch einmal in Wort und Lied versprochen hatten, recht fromm zu leben und sich das eine erbaten: „Kein Erdbeben! Nur kein Erdbeben mehr!" machten sie sich auf den Heimweg. Wo unterwegs gesungen oder gebetet wurde, da hielt sich die Kreuzschar hübsch geschlossen; sonst aber lockerte sie sich und etliche gingen weit hinten und andere weit voran, wie sie sich eben in plaudersamen Gruppen oder Paaren gesellen mochten. So geschah es ganz zufälliger Weise, daß die Agnes und der Maurer nebeneinander hergingen und voran waren. Der Maurer hatte nämlich bemerkt, wie der Schmiedgeselle Martin aus Kinigl — ein strammer Knabe — der Agnes nachstieg; er hatte sich an sein Versprechen, das Dirndl zu hüten, erinnert, rief nun den Martin an, er möge warten, sein Vater, der Schmiedmeister, der hinten ging, habe ihn gerufen. „Will gewiß wieder zu zweien beten," brummte der Martin und blieb stehen. Da war der Maurer schon bei der Agnes und sie gingen miteinander. Er fragte recht artig bei ihr an, ob es ihr nichts mache, wenn er sich eine anstecke? Oh, meinte sie, das Rauchen sei sie längst gewohnt, daheim im Starhofe rauchten die Mannleute oft die Stube so voll, daß man aus dem dicken Rauch Heilige schnitzen könnte. Ihr Handbündel war wesentlich zusammengeschrumpft, doch erbat er sich, es ihr zu tragen, was sie geschehen ließ. Denn heute wollte es mit ihr nicht mehr ganz so flink vorangehen, als vor zwei Tagen. Die Füße waren heiß und wund und bei einem Rasten zog sie die Schuhe aus, wobei er ihr behilflich war. Nun wollten sie warten auf die Kreuzschar, die sie hinter sich gar aus den Augen verloren hatten. Weil diese aber nicht zum Vorschein kam, so rückten die beiden wieder an — das Mädchen barfuß — und der Maurer trug nun auch ihre Schuhe und führte sie am Arm. So stiegen sie nicht ohne Mühsal den Berg hinan gegen die Almen. Oft blickten sie zurück, aber die Kreuzschar mußte in einem Wirtshause eingekehrt sein, sie kam nicht und kam nicht zum Vorschein.

„Das macht nichts," sagte der Maurer, „wir werden auch noch einkehren unterwegs. Oben auf der Matte setzen wir uns in's Gras und trinken aus meinem Adlerfaß." Er meinte die flache Glasflasche mit der Adlerzeichnung, die er sich im Goldenen Bären frisch hatte füllen lassen. Sie waren unterwegs mit einander leidlich vertraut geworden, er hatte ihr manches Persönliche erzählt und sie ihm manches Geheimnis anvertraut, sofern eins war, das in der Sonne nicht litt und einen Spaß gab. Gelacht wurde auch, obwohl die Agnes dazu kaum genug Atem aufbrachte, und wenn sie lachte, da schaute er ihr mit Freuden in's Gesicht, denn die Grübchen in den Wangen durften um keinen Preis versäumt werden.

Als sie auf der grünen Höhe waren, wo die helle Aussicht ist in die weite Welt, und von wo aus sie ringsum noch so daliegt, wie am ersten Tage, da sie der junge Gott zu seiner Lust erschaffen, wollten sie sich also in's weiche Gras setzen. Da hörten sie vom Hange her, daß die Kreuzschar nachkam.

„Was sich die Leute denken werden, wenn sie uns da so allein beisammensitzen sehen?" fiel es der Agnes ein.

„Du hast recht," sagte der Maurer, „verstecken wir uns dort hinter dem Zirmstrauch, bis sie vorbei sind."

„In den Busch krauche ich deswegen nicht," versetzte sie, „da ist's gescheiter, wir gehen dort zur Sennhütte hinüber und warten bei der Sennerin, bis die mehreren vorbei sind, und machen uns nachher an die letzten."

Sie eilten quer die Matte hinan bis zur Hütte; an derselben war die Thür halb offen, allein die Sennerin war zu so früher Jahreszeit noch nicht da und niemand war da. Im dunklen Raum war nichts als ein kahler Herd und ein schmales Gelaß mit Stroh, und ein verschimmelter Tisch; und der Dieb, welcher die Thür erbrochen haben mochte, hatte hier eine große Enttäuschung erlebt. Durch eines der niedrigen glaslosen Fensterchen guckten sie hinaus und

hinab auf den Weg, wo die Wallfahrer nun in einer
langen Reihe vorüberzogen. Etliche lösten sich vom
Zuge, setzten sich auf den Rasen, und eine Gruppe
von Männern und Weibern stieg zum Entsetzen unseres
Paares gegen die Hütte heran.

„Jesus Maria, wenn sie uns da finden!" ächzte
die Agnes, und statt der Grübchen in den Wangen
zogen sich von dem Mundwinkel hin die Falten des
Grames. Der Maurer beeilte sich, geräuschlos die
Thür zu schließen und zu verrammeln. Die Männer
draußen gingen um die Hütte herum, tranken am
Brunnen und besprachen sich, daß es nicht übel wäre,
da drinnen Feuer zu machen und schwarzen Kaffee
zu kochen. Bald rüttelten sie an der Thür. Die
Agnes war in Todesangst und machte gegen den
Maurer Geberden, daß sie ihn am liebsten erwürgen
wolle, weil sie unschuldiger Weise hier seinetwegen
ihren guten Namen verlieren müsse.

„Krieche unter das Bettgestell hinein!" befahl der
Maurer, sie that's mit aller Hast; er machte Miene,
dasselbe zu thun, sie stieß ihn zurück. Draußen hatten
die Leute ihre Absicht aufgegeben und entfernten sich
von der Hütte.

Als die beiden drin wieder aufrecht stehen konnten,
kniete der Maurer vor der Agnes nieder, preßte seine
Hände an die Brust und sagte: „Agnes! Die Erde
soll sich aufthun und mich verschlucken auf der Stelle,
wenn's nicht wahr ist, was ich jetzt sage. Wenn du

hier meinetwegen den guten Namen verloren hättest, so hätte ich ihn dir unten in der Kinigler Kirche wiedergegeben. Das wohl!"

„Und wem ich angehöre, an das denkst du nicht?"

„Du gehörst dem an, dem du die Liebste bist. Ich weiß nicht, was ich beginnen soll, wenn ich von dieser Wallfahrt heimkomm und wieder allein bin."

„Wenn du's nicht weißt, so wirst du halt die Kathrin fragen müssen," meinte die Agnes.

Er lehnte sich mit dem Rücken an die Wand, starrte finster drein und murmelte: „Die Kathrin mag ich nicht."

Sie ging aber darauf nicht ein, sondern sagte: „Ja, wollen wir denn heute anwachsen dahier in der Hütten? Ich denk, es wär Zeit, daß wir den Leuten nachgingen, nicht?"

„Freilich ist dazu noch immer Zeit," versetzte der Maurer. „Wir müssen erst unsern Wein austrinken, sonst kriegen wir beide die Knieschnappen (Kniegelenks= schmerz) thalwärts. Ich muß sagen, ich gehe lieber bergan als bergab. Trink!"

„Uh!" sagte sie nach dem ersten Schluck, „jetzt hast ja gar einen Süßen."

„Mach aus, mach aus, daß wir weiter kommen!" drängte er.

Sie trank noch einmal und hübsch tapfer, dann eilte sie in's Freie. Er hinter ihr nach, da hörte sie einen dumpfen Schlag, und mit einem halbverhaltenen

Schmerzensruf setzte sich der Maurer an die Thür=
schwelle.

"Was hast du? Was ist dir geschehen?" rief sie.

"Es ist gleich wieder gut," sagte er leise und hielt die Hand vor die Stirn. "Da, an dem verfluchten Thürpfosten, habe ich mir den Schädel angestoßen."

Sie schaute auf den Weg hinab, es ging niemand mehr, und wenn auch, sie hätte ja nicht um Hilfe rufen dürfen.

"Es ist bald vorüber," sagte er, "ein paar Tropfen Wasser in der hohlen Hand, wenn du mir bringen willst."

Er hatte sich in die Hütte zurückgezogen und kauerte auf dem Stroh; sie labte ihn, indem sie mit der nassen Hand über seine Stirne strich.

"Ich danke dir, meine liebe Agnes," sagte er, "ich danke dir recht schön. Ich kann nicht mit dir gehen, ich werd wohl in dieser Hütte verbleiben müssen."

"Um Gotteswillen!" jammerte das Mädchen, "Maurer, hat's dich denn so arg getroffen?"

"Nur um ein' Zoll tiefer, wenn der Stoß ge= gangen wär, bei der Schläfe — dann thät mir kein Kopf mehr weh, und — kein Herz mehr. Wär das beste für mich . . ." Er verdeckte mit den flachen Händen sein Gesicht und beugte das Haupt vor.

"Julius!" sagte sie, vor ihn hinkniend und mit ihren Händen die seinen fassend, "Julius, was ist dir? Um des Himmelswillen! Julius!"

„Geh heim," hauchte er und sank hin auf das Stroh, „laß mich — versterben!"

„Verlassen thu ich dich nicht!" rief das Mädchen, „jetzt ist's mir schon alles eins und ich bleib bei dir, bis du gehen kannst. Ruh' nur ein wenig, es wird bald besser sein. Du verdammter Thürpfosten!"

— Du verdammter Thürpfosten! Diesen Fluch hat das arme Wesen auch nach drei Wochen wieder ausgestoßen, als die Dornen sproßten aus dem Zweige, von dem sie die Rose gepflückt an jenem Abende in der Almhütte. Denn des Maurers Kopf war überraschend schnell heil geworden, als er auf ihrem Schoße konnte ruhen . . . Und als es damals dunkel geworden, waren sie ihres Weges gegangen gegen Kinigl.

* * *

Von diesem Ereignis am vierten Sonntag stand die Agnes beim Lindenkreuz vor dem Dorfe, wo die Wege sich einen. Sie wartete auf den Maurer, der hier vorüberkommen mußte, sie hatte ihm etwas zu sagen. Für ihn war's ja kein Unglück, denn er hatte sie gern und ihr's wohl heiß gestanden. Aber für sie! Der Anton ging ihr nicht aus dem Sinn, der so gut und treuherzig war und den sie an jenem Abende so gottlos vergessen konnte. „Den Kopf möchte sie sich abreißen!" Aber das hilft alles nichts mehr —

sie gehört dem Julius an. Vielleicht doch — so sann das Mädchen bei sich, während die alte Linde rauschte über dem Christusbild — vielleicht doch, daß sich alles noch zum Guten wendet. Den Anton hat sie gern wie einen leiblichen Bruder, aber nicht anders, und sie wüßte nicht, ob sie ihn so hätte glücklich machen können, als den Julius, der sich das Leben genommen hätte ihretwegen!

Sie stand am Kreuze, bis die Kirchenglocken läuteten zur Predigt, und der Maurer kam nicht. Agnes ging in die Kirche. Die Predigt war ihr recht erbaulich, sie handelte von den Freuden und Leiden des heiligen Ehestandes und Agnes nahm sich im Herzen vor, ein recht braves Eheweib zu werden. Nach der Predigt nahm der Pfarrer eine blaue Papiermappe zur Hand und verkündete den Maurermeister Julius Samsinger und die Katharina Staude als Brautpaar.

Wie die Agnes aus der Kirche kam, sie wußte es selbst nicht. Unter der Friedhofsmauer stand sie, kreuzte die Hände über der Brust und sagte: „So, jetzt hast es."

Erst als die Nacht kam und sie in ihrem Bette lag, hub sie zu weinen an und weinte die ganze Nacht.

Allerhand Gedanken und Fürnehmungen zermarterten jetzt ihr armes Hirn. Aber den einen Plan, von dem Maurer ihr Recht zu fordern, verwarf sie. Dieser Mensch ist zu schlecht, aus ist's. Doch zum Straßerwirt ging sie und saß in der Wirtsstube einen halben

Tag; aber die Gäste wollten sich nicht verlieren, gingen die einen, so kamen andere, und mancher neckte das Mädchen und sagte, sie solle nicht so duselig dasitzen, sondern sich flink üben im Einschenken und Ankreiden. Sie lächelte ein wenig dazu, aber die Wangengrübchen machten sich diesmal nicht so schalkisch, wie sonst. Endlich, als der letzte Gast, ein Kohlenbrenner, den Witz gemacht hatte, er bekomme weder als Kriegsheld ein Denkmal, noch auf dem Kirchhof einen Denkstein, so wolle er sich auf der Schiefertafel beim Straßer= wirt verewigen lassen, — und damit davongetorkelt war, wollte der Anton die Agnes an der Hand nehmen und fragen, wie es ihr gehe. Sie barg die Hand unter ihre Schürze und sagte: „Was hilft's, wenn du sie jetzt nimmst, du wirst sie doch nicht behalten."

Was das heißen solle?

Sie war blaß wie die Wand, aber ihre Stimme zitterte nicht, da sie ihm jetzt alles gestand. — „Jetzt weißt es, Anton," so schloß sie, sich rasch gegen den Ausgang wendend, „falsch sein kunnt ich nit gegen dich. Und jetzt dank ich dir für deine Lieb, und denk manch= mal an die arme Agnes."

Etliche Augenblicke lang war der junge Straßer= wirt dagestanden, starr wie ein dürrer Baum.

Plötzlich schnellte er die Thür auf in das Neben= stübchen, riß dort das Schußgewehr von der Wand und wollte damit davonstürzen. Sie warf sich ihm entgegen: „Was willst du thun?"

„Niederschießen muß ich ihn!" sagte er tonlos. Sie klammerte sich an seinen Arm. „Anton! Mein Anton!" kreischte sie, „nur das nicht! Du bist der einzige ohne Schuld! Mach dich nicht unglücklich! Anton!"

Bis zur Hausthür schleifte sie sich mit, dort schüttelte er sie mit einem Fluche ab und raste davon.

Sie blieb eine Weile bewegungslos kauern und starrte ihm nach. — Als Mörder kommt er zurück und stirbt am Galgen! Das konnte sie noch denken, dann verließen sie die Sinne.

Im Abenddunkel, während der Wirt abwesend war, um den Maurer zu suchen, kam ein Mann an's Wirtshaus, um in seiner bräutlichen Stimmung noch ein Glas Wein zu trinken. Als er an der Thür= schwelle die Menschengestalt liegen sah, hob er sie auf, als er an ihr die Agnes erkannte, wollte er sie wieder zu Boden gleiten lassen, aber sie schlug die Augen auf, blickte ihn an und sagte wie träumend: „Julius, du bist ein falscher Mensch!"

„Sei klug, Kind," flüsterte er ihr zu, „es soll be= graben sein in meiner Brust, du sollst deine Ehre haben am Hochzeitstag, wie jede andere. Ihr sollt beide an mir einen Freund haben, sei klug."

„Laß das, Julius," sagte sie, „und bete dein Sterbgebet. Oder fliehe, fliehe geschwind! er soll eines Wichtes wegen nicht zum Mörder werden."

„Bist du wahnsinnig? Laß mich los!"

Sie zerrte ihn der Wand entlang: „Fliehe!" Da krachte schon der Schuß — mit einem Doppelschrei stürzten beide zu Boden.

Agnes durch den Hals, Julius in die Brust geschossen, so lagen sie aneinandergeklammert da in ihrem Blute.

Der Straßerwirt trat herbei, um sich noch an dem letzten Zucken des Schurken zu weiden. Als er an demselben auch seine Braut verbluten sah, schlug er ein gräßliches Lachen an.

Es war sein letztes Lachen gewesen auf dieser lustigen Welt.

Arme Sünder.

Den runden Arm legt sie um seinen Hals und spricht: „Franzl, hörst, du mußt mir einen Gefallen thun!"

— „Schon wieder?" entgegnete der Schelm.

— „Nix schon wieder!" grollt das Dirndl, „kein Thau soll mehr vom Himmel fallen, wenn ich dir nit mehr zu Gefallen gethan habe, als du mir. — Heut möcht' ich wissen, ob du Kurasch hast!"

Er spannte die Arme aus, als wollte er der Weltkugel einen Borer geben, daß sie dem Gottschöpfer unter die Beine kugle und Sonne, Mond und Sterne vom Himmel schlage.

„Hände braucht's keine," sagte sie, „aber Herzhaftigkeit braucht's und wenn du die hast, so gehst morgen mit mir zum Pfarrer."

Er steht still, schaut sie an und lacht auf. „Zum Pfarrer! Wäre schon recht. Aber schau, Rosel, es geht halt noch nit. Hab dir's eh gesagt, daß ich mir vorher was derwirtschaften muß. Auf eine stubenvoll Nix kann der Mensch nit heiraten."

„Grimm dich nit, Bürschel. Das weiß ich gleichwohl, daß man euch Mannerleuten das Heiraten frei nachlassen muß. Ihr kommt halt schier allemal ohne Buß davon, keinen Ablaß und keine Lossprechung habt ihr vonnöten, dieweilen unsereins ein unreines Wesen geworden ist, das erst eine Weile gewaschen, besprengt, beräuchert und eingesegnet werden muß, bis es wieder halbwegs unter die Leute gehen kann. — Weißt eh, morgen sind die vierzehn Tag vorbei und ich muß mit dem Kindel in die Kirche zum Herrn Pfarrer. Und den fürcht' ich, mein du, wie das höllische Feuer fürcht' ich ihn, und deswegen sollst mitgehen, Franzl."

„Weil ich leicht auch ausgeräuchert werden soll?"

„Mir ist gar nit ums Spaßmachen zu thun, mein lieber Bub. Unser Pfarrer ist scharf. Und weil du die Suppe eingebrockt hast, so sollst sie auch auslöffeln helfen. Kunnt's wohl nit glauben, daß du so hartherzig wärst und uns jetzt verlassen wolltest allzwei, und dich verleugnen, wenn der Herr Pfarrer fragt."

„Na sei so gut!" begehrt er auf. „Mich verleugnen! So brav möcht ich nit sein."

„Er ist so viel gestreng, der unsere. Ohne den Vater segnet er keine für."

„Wenn's schon sein muß, ich geh' mit zum Pfarrer, fressen kann er mich nit. Um welche Zeit denn?"

„Vor der Messe um sieben."

„Gilt. Beim Lindenkreuz kommen wir zusammen."

So ist's ausgemacht.

Und am nächsten Morgen, schon eine Weile vor sieben Uhr sitzt die Rosel auf der Bank im thauigen Schatten der Linde vor dem Marienbild. Ihr Kindlein, sorgfältig in bunte Tücher eingewickelt, hält sie an der Brust. Das rote Apfelgesichtlein mit der weißen Krauselhaube guckt noch ein wenig herfür, denn es ist am warmen Mutterbusen erst gefrühstückt worden. Nun schläft es wieder. "Trinken und Schlafen, o seliges Los!"

Das Glöcklein läutet schon zum letzten Viertel vor Sieben. Der Franzl ist noch nicht da. Sie steht von der Bank auf und schaut hinaus auf die sonnigen Felder, wo flüchtige Wolkenschatten hingleiten über die grünende Flur. Aber kein Franzel ist zu sehen. Sie hat Zeit und schaut auf zum Bildnis. Die liebe Mutter Gottes! Und ihr herziges Knaberl auf dem Arm! Und wie sie es gern hat! Und wie es aufschaut ins Muttergesicht! . . . Lange betrachtet sie dieses Bild, dann neigt sie sich nieder zum eigenen Kind, um es zu kosen, und dann hebt sie an zu lachen.

"Heißt das beten?" sagt der Franzl, der plötzlich hinter ihr steht und ihr zu beiden Seiten hervor die Hände an die Wangen legt.

"Bist da?" sagt sie, "ja du, ich hab' just lachen müssen. Weißt wegen —."

"— Wegen?"

"Wegen dem, weil, weil — sie auch eins hat. Wir haben jede eins."

„Haft dir eine fürnehme Gesponfin ausgefucht," fagt der Burfch, völlig verweifend, daß die Rofel fich vergleicht mit der Frau im Bilde. „Na bift es, fo gehen wir."

Anklopfen ift Höflichkeit. Ein fchrilles Herein. Der Franzl klopft noch einmal, man kann nicht leicht zu höflich fein in fo einem Fall.

„Ift ja offen!" fchreit es von innen, die Thür wird aufgeriffen und die Wirtfchafterin fteht da. Sie find an die Küchenthür geraten.

Die kugelrunde Wirtfchafterin, das will der Franzl für ein gutes Zeichen halten.

„Was wollt's denn?" fragt fie weich wie Butter, obfchon fie es recht gut weiß, was es zu bedeuten hat, wenn zwei junge Leute gar fo demütig in den Pfarrhof kommen, und eins davon hat etwas auf dem Arm. Sie weift das Paar zur richtigen Thür und fchleicht leckrig hinten nach.

Der Pfarrer fitzt vor dem Bücherpult auf dem Lederfeffel und bleibt fitzen, er ift ein fchlanker, hagerer Herr und die Bösartigften feiner Gemeinde behaupten, fein Geficht würde allfamstägig in Effig gebeizt. Seine Augengläfer find bis hart an die Nafenfpitze herabgerutfcht und fo fchaut er finfter hinaus auf das gar befcheiden eintretende Menfchenpaar.

„Was wollt's denn?" läßt auch er fie an, „jetzt habe ich keine Zeit, 's ift zum Meffe lefen."

Tritt der Franzl langfam vor, da keift der Pintfcher unter dem Seffel — der fremde Menfch hat gar

so breite Hände und Füße, daß doch etwa dem „Herrl"
nichts geschieht. Der Franzl hält sich mit beiden Händen an seinen Hut, als wollte er eine Stütze haben

und spricht leise: „Thäten halt wohl recht schön bitten, Hochwürden Herr Pfarrer." Und senkt sein Haupt.

„Was?" Der Pfarrer hält seine Hand ans Ohr, als hätte er nicht verstanden.

„Die da " fährt der Bursche etwas vernehmlicher fort, „das wäre halt die Rosalia Wendlerin, die — die vor vierzehn Tagen zur Tauf geschickt hat. Und heute thät sie bitten um das heilige Fürsegnen."

Der Pfarrer stemmt seine Arme aufs Knie und sagt: „So! Vorsegnen! Und damit glaubt ihr's abgethan — wieder auf ein Jahr. Ich segne niemanden, den der Herr verflucht, versteht ihr mich? Na ja freilich! das Lasterleben gemütlich fortführen und nachher, wenn ihnen doch einmal die Grausbirn aufsteigt, zum Pfarrer rennen, daß er ihnen die Lüderlichkeiten mir nichts dir nichts abbeten soll. Recht kommod möchten sie sich's einrichten. Nichtsnutziges Volk!"

Jetzt setzt der Franzl den einen Fuß vor und etwas fester auf die Dielen, gleichsam um die Sicherheit des Bodens zu prüfen. Und sagt: „Der Grausbirn wegen thät's freilich nit sein, Hochwürden, 's ist nur wegen des Brauches und weil es die geistlichen Herren selber wünschen, daß sich eine nach den Wochen in der Kirche soll besegnen lassen. Wenn's aber nit notwendig ist..."

Sie hat ihn am Ärmel gezupft mit dem Bedeuten, nicht weiter zu reden, so bleibt er denn auch stecken.

Der Pfarrer fragt ihn: „Du bist der Vater, natürlich!"

Der Franzl nickt kaum merklich mit dem Kopf.

"Und du schämst dich nicht, mir vor die Augen zu treten."

Schaut der Bursche aufs Dirndl, als wollte er sagen, die hat mich herangezogen.

"Und jetzt," fährt der Pfarrer fort, "soll ich mit euch in die Kirche gehen und euch am Altar aufstellen als ein gutes Beispiel für die Gemeinde, wie? Und den Segen dazu, natürlich! Ja, dann ist's freilich kein Wunder, wenn das sechste Gebot ein Loch bekommt. Man kann's ja wieder flicken."
Nun springt er auf und schreit ihnen ins Gesicht: "Ich

aber sage euch, man kann's nicht flicken! — Getauft habe
ich den Wurm, weil ich leider muß und weil er nichts
dafür kann. Vorsegnen werde ich sie nicht, die da, weil
sie selber dran schuld ist. Da locken sie den Vogel ins
Nest und nachher wenn's voll ist, soll das ganze Dorf
helfen putzen. Das Wasser, versteht sich! Ja, für
Eheweiber, wenn sie wieder rein werden wollen, ist
das Weihwasser freilich gut. Für die Ledigen ist das
Fegefeuer. Habt ihr mich verstanden? Wenn ihr mich
verstanden habt, dann könnt ihr gehen." — Der Pint=
scher hebt ein leidenschaftliches Keifen an, zum Beweis,
daß er es auch in solchen Stücken zum „Herrl" halte;
dem Burschen springt er an den Hut, den der Franzl
sich vor den Bauch hält.

Da haben sich die Leut schön langsam umgedreht.
Das Geschrei hat das Kleine aufgeweckt und die junge
Mutter schaukelt es auf dem Arme. „Sei gut, Kindel,
sei gut, der Mann=Mann thut dir nix, darf dir nix
thun. Sei gut."

An der halboffenen Thüre ist mittlerweile die
Wirtschafterin gestanden und hat vor Vergnügen über
die schneidige Abfertigung so heftig die Thürklinke ge=
rieben, daß diese fast noch heiß ist, als der Franzl sie
nun langsam zudrückt.

Vor dem Pfarrhose stehen sie im heißen Sonnen=
scheine und der Franzl sagt: „So hätt' ich mir's nit
gedacht, Rosel, mach' dir nichts daraus. Dort gehen
die Leute in die Kirchen, werden wenige darunter sein,

die viel besser sind als wir. Natürlich zur Messe werde ich jetzt gehen!" setzt er hinzu, als auf dem Turme die Glocken zusammenläuten.

„Franzl, das wär' wieder gefehlt, wenn du nit wolltest in die Kirchen gehen, deswegen," beruhigt die Rosel, „die Kirchen kann nix für den Pfarrer und wir wollen bei der Messe nur an den lieben Herrgott denken."

So gehen sie hinein, denken aber doch nicht an den lieben Herrgott. Der Bursch, der hinten in einem Winkel sitzt, ist dafür zu zornig und das Dirndl vermeint mit samt dem Kleinen unter die Bank sinken zu müssen. Noch kein Jahr ist vorbei, seit sie unter den übrigen Jungfrauen mit dem grünen Kranz gestanden war vor dem Altar. Und jetzt, wenn sie sich auch verstecken wollte hinter dem Pfeiler, so schreit's das dünne Stimmlein des Kleinen aus, was sich geändert hat seit einem Jahre.

Nach der Messe halten sie Rat, wo sie den Segen finden könnten. Der Franzl meint, zum Kaplan in St. Johann sollten sie gehen, der sei noch jung, der würde die Sache linder auffassen.

„Wenn du glaubst, daß die Jungen linder sind," sagt die Rosel, „so irrst du dich weit. Die Jungen sind in solchen Stücken ja die allerstrengsten." Nun denken sie an die Alten, und da fällt ihnen der Benefiziat zu Oberschachen ein. Das Beste, sie thun's gleich heute ab, daß sie sich nicht ein anderesmal wieder müssen extra anlegen und Segensuchen gehen.

Oberschachen steht auf dem Berg oben, das spitze Kirchtürmlein ragt scharf in den blauen Himmel hinein. Es ist eine Stunde hinauf, der Weg ist steinig und ohne Schatten, in kreuz und krumm liegt darüber Gefällholz. Die Bäume, die entschält daliegen, strömen einen starken Harzduft aus und werfen die Sonnenhitze zurück, daß es schier zum Verschmachten ist. Der Franzl hat freilich das Kind zu sich genommen, und die Rosel hat Angst, daß er stolpern und es fallen lassen könnte. Dieweilen sinkt sie selber hin ins braune Erikenkraut vor Erschöpfung. Nur einen Schluck Wasser! Aber es ist weitum keines vorhanden. Heidelbeeren pflückt er und steckt sie ihr zwischen die Lippen. So arm und bleich kauert sie da und nun fällt es dem Burschen doch ein, was sonst so selten einem einfällt: wie hart sie's büßen muß!

Endlich bringt er sie doch hinauf, auf einem Arm das Kind, an dem anderen die Mutter. Als er das Kirchlein sieht und den halbverfallenen Pfarrhof, und sonst nichts ringsum als etliche alte Kiefern, da sagt er lachend, denn er will sie aufheitern: „Der Berg ist so steil, daß nit einmal der Teufel herauf kann. Heißt's doch, wo der Herrgott eine Kirche baut, da baut der Teufel das Wirtshaus dazu. Hier ist kein Wirtshaus, so wird der Teufel nit heroben gewesen sein."

„Ich wollt's heut nicht verachten, das Wirtshaus," sagt sie.

„Lieber wär's mir schon, wie der Pfarrhof," meint er.

„Weißt Franzl, da heroben fürcht' ich mich auch vor dem Pfarrhof nicht," sagt die Rosel. „Zu dem alten Herrn getrauen wir uns allein hinein, gelt Micherl? Und der Vater kann warten da heraußen auf dem Anger, bis wir besegnet wieder zurückkommen."

Das ist dem Franzl freilich sehr angenehm, und er will dieweilen unter der Kiefer Beeren suchen, damit's dann ein Festmahl giebt.

Der alte Benefiziat sitzt in Hemdärmeln und ist gerade beim Kanarienfüttern, wobei er dem Vogel ein Liedchen vorpfeift zum Auswendig lernen, als die Rosel mit dem Jatschkinde bescheidentlich eindringt und ihre Bitte vorbringt.

Er nimmt die lange Pfeife aus dem Mund, schaut mit seinem roten, bartstoppeligen Gesicht gutmütig auf das Dirndl und sagt: „Eine Gridelbäurische von Stahlbach bist du? Ein Kleines hast kriegt? Vorgesegnet willst sein? — Na, komm nur mit, werden's gleich machen." Dabei schlüpft er rasch in seinen Talar, der einmal schwarz gewesen ist.

Als der Franzl das Rasseln der Kirchthürschlüsseln hört, schleicht er auch herbei und hinten nach hinein. Der Greis streift sich in der Safristei das Chorhemd über, legt die Stola um, faßt den Henkel des Weihwasserkessels und den Sprenkel und tritt zum Altar hinaus. Dort bringt er am Beine ein Streichhölzchen in Brand und zündet damit zwei Kerzen an. Weil die Rosel noch unbehilflich an der Mauer steht, so sagt er: „Na, mach, mach, Mädel, knie nieder!" Sie thut's, er nimmt das Buch und spricht ein lateinisches Gebet, dann taucht er den Sprenkel in den Kessel und schwingt ihn über die andächtige Mutter mit dem Kinde.

Als es vorüber ist, nestelt sie an ihrem Tüchlein und sagt verschämt, jetzt wäre sie halt schuldig geworden.

„Hast eh dein Kreuz dafür," sagt der Priester, „halt schön geduldig tragen, dann wird's der liebe Gott schon verzeihen."

Sie schaut verblüfft drein, sie ist nicht verstanden worden. Schuldig wäre sie etwas fürs Fürsegnen.

„Geh, Tschapperl," sagt der Pfarrer, „steck ein dein Zwanzigerl wieder. Wirst es schon selber brauchen, Papperl kaufen fürs Buberl."

Später, als der alte Herr am Altar und in der Sakristei wieder alles in Ordnung gebracht hat, geht er mit raschen Schritten an das hintere Thor, wo die beiden Leutchen mit dem Kindlein beisammen stehen, zupft den Franzl beim Ohr und sagt: „Der ist es, nicht wahr? — Schlingel! Na kommt's nur recht bald wieder. Aber nicht etwan so wie heute, ihr vertrakten Menschenkinder. Mit dem Brautsträußel müßt ihr kommen, zur heilsamen Buße, verstanden?"

Der Segen des guten alten Priesters ist aufgegangen. Nach einem Jahre kommen sie richtig wieder, und bitten um das Sakrament der Ehe. Und die Kinder hat sich der Franzl vorgenommen, ließe er alle taufen zu Oberschachen auf dem Berge.

Der alte Herr zwinkert bedenklich mit den grauen
Äuglein: „Wenn nur's Wasser reicht!"

*   *   *

Nachwort: Was an dieser unmoralischen Geschichte
noch das schlimmste ist? Nicht daß sie geschrieben
wurde, sondern vielmehr, daß sie sich zugetragen hat.
Es ist halt ein rechtes Kreuz mit solchen Leuten und
von den zwei Geistlichen der Strengere war weitaus
der zu Oberschachen, der trotz seiner Gutmütigkeit den
armen Sündern die lebenslängliche Ehebuße aufer=
legt hat.

Der Dämon Buchstabe

In jener Gegend, in welcher Felix geboren wurde, hat man einen heillosen Respekt vor dem Buchstaben. Die meisten Leute kennen ihn zwar nur vom Hörensagen oder vom Sehen aus; nur wenige stehen mit ihm in näheren Beziehungen. Eine unbekannte Größe ist eine unmeßbare, unabsehbare Größe, daher die hohe Achtung vor ihr. Der Buchstabe ist den Leuten in jener Gegend die erste Autorität. Das Evangelium ist Buchstabe, der Katechismus, das Gebetbuch, das Meßbuch ist Buchstabe, das Steuerbüchel ist Buchstabe, der Exekutionsschein ist Buchstabe. Und neben dem Abc steht der Schulmeister mit dem Haselstäbchen!

Welche Gottheit wird so feierlich bekannt, so schlagend bewiesen als der Buchstabe!

In einer Kohlenbrennerei lebt der kahlköpfige Oswald. Auch dem glauben die Leute viel, erstens weil er kahlköpfig ist und daher mancherlei erlebt haben wird, zweitens weil er Kohlen brennt und daher Zeit und Gelegenheit hat, über die vier schwarzen Dinge nachzudenken: die Kohle, den Teufel, den Frater und den Buchstaben. Der kahlköpfige Oswald nun hat einmal den Ausspruch gethan: „Der erste Buchstabe ist die Rute des Erzengels Gabriel gewesen, mit der er die ersten Menschen aus dem Paradiese getrieben, und das erste Blatt der Rücken des Adam, auf das der Engel geschrieben: „Merkt's euch!" Hinter diesem ersten Satze wären nach Oswald die übrigen Offenbarungen gekommen bis herab zum Traumbüchel. Da der Mann in seinem Walde lauter Bücher aus früheren Jahrhunderten gesehen hatte und auch solche, auf denen es seit Urzeiten stand: „gedruckt in diesem Jahre", so war er auf die Vermutung geraten, daß den Menschen die von Gott gelehrte Buchstabenkunst wieder abhanden gekommen sei. Dagegen aber belehrte ihn ein Waldbruder, daß auch in neuer Zeit noch Bücher gemacht würden, aber daß man sich nicht mehr recht auf sie verlassen könne. Es sei schon vorgekommen, daß man schwarz auf weiß Dinge gelesen, die am Ende erstunken und erlogen gewesen wären. Wie man höre, dürfe heutzutage alles mögliche und

unmögliche gedruckt werden, auch die unerhörtesten
Lügen, wenn man nur die Druckkosten bezahle. —
Dazu schüttelte allerdings der Oswald sein Haupt.
Er glaubte wohl, daß verzauberte Kapaune Milch geben
und verhexte Ochsen Eier legen können; aber daß wahr=
haftige Lügen gedruckt und gelesen werden wollen und
dürfen wie ein Evangeliumbuch, das ging ihm über
den Köhlerglauben.

Wenn der Mann erst gewußt hätte, daß man nicht
einmal die Druckkosten zu zahlen brauche, um Dinge
drucken zu lassen, die in seinen und in den Augen der
meisten Menschen Unwahrheiten sind, daß sie ganz um=
sonst gedruckt werden, ja noch mehr: daß einer für
das Druckenlassen von solchen „Lügen" sogar Geld
bekommen könne! daß viele Leute von diesem Geschäfte
lebten, daß das Geschäft ein sehr geachtetes, ja sogar
hochgeehrtes sei! — wenn das der Kohlenbrenner Os=
wald gewußt hätte!

Felix, der Weberbursche, hatte in seiner Kindheit
den stillen Zuhörer abgegeben, wenn von solchen Sachen
gesprochen wurde, dachte sich aber dabei seinen Teil.
Er dachte sich so viel, daß er es endlich nicht mehr bei
sich behalten konnte. Doch sagte er es nicht mit der
Zunge, denn diese war ungelenk und ihr Laut genoß
keine Achtung, weil er sich von dem anderer Alltags=
zungen nicht unterschied. Der Junge sagte seine Ge=
danken mit der Feder, schrieb sie mit den vierund=
zwanzig Buchstaben in unzähligen wunderlichen Zu=

sammenstellungen aufs Papier. Manches, was er da schrieb, war so glatt und vernünftig, daß die Leute es lobten aber nicht lesen wollten. Manches hingegen war so fürwitzig und pudelnärrisch, daß die Leute sich darum rissen, um dann auszurufen: "Gott, ist das dumm!" Felix hatte seine Schriften in Hefte eingeteilt und wer ein solches Heft lesen wollte, der mußte: es stand ein Kreuzer Lesegeld darauf. Ein einziger Schusterjunge verstand unrecht. Der rauchte schon Tabak, konnte ihn aber noch nicht kaufen. Daher begehrte er einen großen Pack Hefte vom Felix zu lesen; als er sie nach kurzem zurückbrachte, hielt Felix die hohle Hand hin, aber auch der Schusterjunge hielt die hohle Hand hin, denn dieser war der Meinung gewesen, er bekäme die Kreuzer für das Lesen!

Diese negative Auffassung des Wertes seiner Schriften teilte übrigens Felix selbst. Er war ein Dorfkind und wußte wohl, daß das Brot im Schweiße des Angesichts verdient sein wollte. Und eines Sonntags ging er hinaus in die Kreisstadt, wo eine Buchdruckerei war für ein kleines Wochenblatt und für Steuerbögen, Taufzettel und Totenscheine, auf welchen die selbstverständlichsten Wörter gedruckt sind, die übrigen mit der Feder ausgefüllt werden müssen. In dieser Druckerei fragte Felix an, was es koste, wenn er ein Büchel drucken lassen wolle. Während der Geschäftsinhaber in seinen Rechnungen nachschlug, hatte jung Felix Gelegenheit, die bleiernen Buchstaben zu sehen und wie man sie zusammensetzt, daß sie nachher mit der schwarzen Farbe ein leserliches Wort aufs Papier drucken. Das Zeug war aber ganz verkehrt, was rechts sein sollte, war links, was oben sein mußte, war unten; ja wenn das so ist mit den Buchstaben, dann glaubt man's freilich gerne, daß sie alles auf der Welt durcheinandergewirbelt und die festständigsten Sachen von oben zu unterst gekehrt haben. Übrigens war dieses Zusammensetzen der Bleibuchstaben ein mühseliges Geschäft, zehnmal umständlicher als das Schreiben mit der Feder; wenn sie aber einmal beisammenstanden in der Tafel und unter der Maschine lagen, dann ging's vorwärts, das Rad drehte sich schneller wie ein Mühlrad, und so oft es sich umdrehte, war ein gedruckter Bogen da! Diese Buchstabenmühle machte dem Dorfjungen sehr viel Spaß. — Endlich kam der Geschäftsinhaber und gab den Bescheid, daß hundert Stück des angeführten Buches auf zweihundertfünfundzwanzig Gulden zu stehen kämen.

„Gut," antwortete Felix mit erleichtertem Herzen, „so kostet ein Stück zwei Gulden fünfundzwanzig Kreuzer," denn im Rechnen war er fix! Und die zwei Gulden fünfundzwanzig Kreuzer konnte er sich gerade kosten lassen, um seine Schriften hübsch in einem Bande gedruckt zu haben, wie Schillers Gedichte oder die Historie von den sieben Schwaben. Aber diese Hochstimmung wurde schnöde zerstört, als der Buchdrucker geduldig aber unwiderleglich darthat, daß das erste

Stück zweihundert Gulden koste, die übrigen neunundneunzig den Rest.

„So werde ich eins von den neunundneunzig nehmen," sagte Felix, da meinte der Buchdruckerei-Inhaber, er habe nicht Zeit für solche Albernheiten, was der junge Bursche so auffaßte, als sei er verabschiedet.

Dieser Mißerfolg in der Litteratur hinderte aber unsern Felix nicht, in freien Stunden tapfer weiter zu schreiben. Weil er dachte, gedruckt werde es ohnehin nicht, so schrieb er alles frischweg auf, was ihm durch den Kopf schoß, und das war oft das allertollste Zeug, so toll, daß die Leute anhuben, ihn für einen Narren zu halten, ja sogar für einen Wahnsinnigen, dem Sachen einfallen und der Dinge zusammenphantasiert, an die ein vernünftiger Mensch sein Lebtag nicht denkt. Der Verruf, in welchem der kleine Dorfbursche bereits stand, drang weiter und weiter und endlich sogar in die Kreisstadt. Auch etliche Narrheiten vom Felix, welche die Leute sich wundershalber abgeschrieben hatten, kamen in die Kreisstadt, wo mehrere Wirtshaustischgesellschaften sich köstlich damit unterhielten. Und eines Tages erhielt Felix ein Schreiben von dem Buchdrucker, in welchem dieser sich erbot, die Schriften des Felix zu drucken und ein schönes Buch daraus zu machen, ganz kostenfrei, ja er, der Verfasser, bekäme noch zehn Stück davon umsonst.

Jetzt dachte sich Felix: Wenn es wahr ist, daß die Sachen so dumm und närrisch sind, da werden sie nicht in ein Buch gedruckt. Lachen wollen sie, aber ich will mich nicht auslachen lassen. — Denn er war nicht bloß phantastischer, sondern auch allmählich klüger geworden. Und doch schrieb er in seinen freien Stunden frisch drauf los, weil er schreiben mußte. Andere müssen atmen und rauchen oder atmen und trinken oder atmen und Weiber herzen oder atmen und Leut' ausrichten, Felix mußte atmen und dichten. Die Leute lachten zu seinen Schriften und verspotteten ihn. Einige weinten auch dabei und meinten: schön sei es schon, aber ein Taugenichts sei er doch. Denn als Webergeselle war er nicht viel nutz. Er verwirrte das Garn, und die Fäden brachte er nicht so zurecht wie die Gedanken. Ihm schoß das Schifflein aus den Fäden, dieweil seine Gedanken auf stolzen Dampfern über den Weltozean zogen. Allmählich kam es zum Hungerleiden, weil er sich nicht genug verdiente, insgeheim aber war er der glücklichste der Menschen, er dichtete, schrieb und las es. Er las es und bildete sich ein, es bisher nicht gekannt zu haben, und war überrascht und war gerührt und mußte herzlich lachen. Doch hatte er dabei nicht das Gefühl, als ob er sich selber auslachte, im Gegenteil, es that ihm wohl, dieses Lachen, und wenn ihm einmal die Augen naß wurden, so that ihm sogar dieses Weinen wohl, und er freute sich lachend und weinend, daß er auf der Welt war. Daß er in Luftschlössern wohnte, die er sich selbst gebaut, sowie, daß er diese Wohnsitze ganz nach eigenem

Geschmacke eingerichtet und mit unterschiedlichen irdischen Freuden ausgestattet hatte, versteht sich von selbst. Die mit Brettern verschlagene Bodenkammer, in welcher sein Leib am Tischchen saß oder auf dem Stroh lag, bedeutete nicht viel, war so gut als nicht da, oder nur als nüchternes Schattenbild; er, er selbst lebte draußen in Glück und Herrlichkeit, unter allerlei Gestalten verkleidet, wie ein Harun Al Raschid. Weil Felix jetzt ein Mensch von dreiundzwanzig Jahren war, so versteht sich die schönste Geliebte von selbst. Daß die übrigen Güter keine greifbaren Eigenschaften hatten, verdarb nichts, wenn aber die Geliebte von Fleisch und Blut gewesen wäre, das hätte nicht geschadet. Allerdings, sie war von Fleisch und Blut, aber unter dieser Zusammensetzung nicht zu haben. Sie war die Tochter des Bürgermeisters, war neunzehn Jahre alt, sehr reich, umschwärmt vom Kaufmannssohn und vom jungen Notar und von einem Oberlieutenant auf Urlaub, all das, und dazu trug sie den Namen Euphrosine! Ein lumpiger Weber kann da nicht dran. Und doch hatte er sie. Er begleitete sie auf ihrem Wege zur Kirche, er saß neben ihr, wenn sie, eine altdeutsche Maid, den Rocken drehte, er scherzte mit ihr, er führte sie zum Tanze, er vertraute ihr in heimlicher Stunde seine innersten Regungen an und in stillen Nächten schlich er an ihr Fenster und koste und herzte sie, daß sie fast ersticken wollte an seinem Munde. Freilich ereignete sich all das nur in seiner Einbildung, denn in

Wirklichkeit hatte er kaum noch zehn Worte mit ihr gesprochen. Wenn sie aber des Sonntags in ihrem Kirchenstuhle saß, züchtig und stolz, in holder Magdlichkeit ihr schönes dunkles Auge gesenkt hielt auf das Gesangbuch, lugte Felix sie von der Seite her an und dachte: O schöne, stolze Euphrosine! Wenn du wissen thätest, wie zahm du bist und wie ich dich allnächtig küsse und herze! —

Da es mit der Weberei auf die Länge platterdings nicht gehen wollte, so bewarb Felix sich bei der Ortsbehörde um eine Schreiberstelle. Da er keine üble Schrift hatte und auch keine schlechte Form für Kundmachungen, Aufrufe, Einmahnungen u. s. w., so erhielt er sie. Nun war er dem Buchstaben schon wieder um einiges näher, und mancherlei, was er schrieb, wurde sogar — doch zwar nur als Fremdes, denn der Name des Bürgermeisters stand darunter — gedruckt, auf die Kirchhofmauer geklebt und gelesen. Aber die Leute lachten gar nicht dabei. Mittlerweile suchte Felix durch vieles Lesen seinen Gesichtkreis zu erweitern, und dieser wurde in der That allmählich so weit, daß er kühnlicher ausblickte nach dem Fräulein Euphrosine. Ob er ihr schreiben solle? Vielleicht, daß doch auch unter diese Schrift der Herr Bürgermeister seinen Namen setzte, das heißt, miteinverstanden wäre. Oder ob er sie mündlich angehen solle? Letzteres ginge vielleicht rascher, zwischen zwei Liebesleuten ist ein Dritter immer überflüssig und selbst wenn's der Buchstabe wäre. —

Auch nicht übel, Felix, daß du schon auf den Buchstaben eifersüchtig bist; hast aber nicht unrecht! Am besten — denkt er endlich — wird es sein, Buchstaben und Zunge zusammen.

Und wie demnächst Kirchweih ist, da wagt er's. Ein großes Lebkuchenherz kauft er, auf welchem mit weißen Zuckerstriemen geschrieben steht: „Ich liebe Dich!" Eine einfachere und sinnigere Liebeserklärung kann es ja nicht geben. Und wie Euphrosine in den Garten hinaus geht, läuft er ihr nach und steckt in die Falten ihres Busentuches das Herz hinein.

Sie bleibt betroffen stehen, zieht die Spende wieder hervor, betrachtet sie, betrachtet den Spender und wieder das Herz und sagt: „So? das soll mir gehören?"

„Freilich!" sagt Felix und zwinkert mit den Augen.

Sie schweigt jetzt und er auch. Endlich meint sie lispelnd:

„Hätte mir's nicht gedacht, daß ich heute einen so schönen Kirchmarkt sollt' kriegen! Aber wissen Sie, Herr Felix, so Süßigkeiten mag ich nicht. Wenn ich so Süßigkeiten esse, da wird mir übel."

„Aufheben! Zum Andenken aufheben!" stammelte der Jüngling.

„Da will ich dieses Herz, dieses wunderschöne Herz —" entgegnete sie wie sinnend und schaute nach einem armgekleideten, barfüßigen Dirndl aus, welches mit einem Handkorbe des Weges kam. „Du Dirndl, was trägst denn im Korb!"

„Erdäpfel!" antwortete das Mädchen.

„Du thust gewiß gern Lebkuchen naschen!" fragte das Fräulein. „Da hast ein schönes Herz. Schau, steht auch etwas geschrieben drauf. Nimm's!"

Das Dirndl faßte es an, sagte: „Dank schön!" biß tapfer drein und verzehrte Herz und Liebeserklärung, ohne auch nur eine Miene dabei zu verziehen.

„Jetzt danke auch ich für den guten Willen!" flüsterte das Fräulein gegen Felix und machte einen Knix.

Der junge Mann wußte, wie er dran war. Er ging in den Wald hinaus und wartete auf Wehmut und Verzweiflung, die jetzt kommen müßten. Aber sie kamen nicht, es wurde ihm im Gegenteile schier frei und lustig zu Mute, er schrieb ein ernstheiteres Gedicht über das kleine Erlebnis: „Das Lebkuchenherz". War dann ordentlich froh, daß diese Sache auch vorüber. In der nächstfolgenden Nacht hatte er vortrefflich geschlafen.

Das „Lebkuchenherz" kam in Umlauf, die Leute schrieben es ab, einer vom andern; die Männer lachten darüber und die Weiber weinten und darüber war alles einig: dieser Felix ist ein prächtiger Kerl! Dem Fräulein Euphrosine war ums Lachen und ums Weinen zugleich, aber sie schwieg fein und that, als ob sie das Ding nichts anginge. Ein paar Wochen vergingen, da stand das „Lebkuchenherz" plötzlich gedruckt im Wochenblatte. Felix errötete und erblaßte, wußte selbst nicht, wieso das gekommen. Eine unbeschreibliche

Freude fühlte er, als er das erstemal sich so gedruckt sah mit schönen Buchstaben und sein ganzer Name darunter. Doch der Freude folgte Zweifel und Angst, ob das Gedicht wohl auch recht verstanden würde überall? Ob die kleine Herzensgeschichte nicht etwa Spott und Hohn finden werde? Und jetzt sah er auch, wie er in Form und Ausdruck vieles hätte besser machen können. Aber es war zu spät, der Buchstabe beharrte auf seinem Rechte: unauslöschlich dazustehen. Dieses Recht aber ward an einer einzigen Stelle zum himmelschreienden Unrecht, denn anstatt „einst hab' ich dich gekost im Traume" hieß es unerhörterweise: '„nicht hab' ich dich" u. s. w. Dieser Druckfehler, so meinte Felix, richte das ganze Gedicht zu Grunde in der That hatte ihn aber kein Mensch außer ihm bemerkt.

Nicht lange nach diesem Ereignisse erschien in der Gegend ein fremder Herr mit hoher Stirn, silberbeschlagenen Augengläsern und einem hellblonden, halb kurz zugestutzten Bart. Dieser Fremde fragte dem Felix nach, und was wollte er? Er sprach mit dem jungen Manne über dessen Schriften, machte sich erbötig, einen Band davon zu drucken und eine Ehrengabe von hundert Thalern dafür zu entrichten.

„Wer soll denn diese Ehrengabe bekommen?" fragte der einfältige Dichter.

Es war gerade nicht unangenehm, ihn darüber aufzuklären.

Und ein halbes Jahr später war das Buch da,

ein stattlicher, hübsch ausgestatteter Band mit dem Titel: „Am Webstuhl der Zeit. Ein Singen und Sagen von Felix."

Dem Verfasser zitterte die Hand, als sie das erstemal blätterte in diesem Buche. Gedruckt! Tausendfach verbreitet in der Welt! Aber — diese Frage fiel ihm fast hart aufs Herz — kann ich alles verantworten, was da geschrieben steht? Den kleinsten Vertrag, einen unbedeutenden Schein muß man zweimal lesen und prüfen, ehe man ihn einmal unterschreibt. Und hier stehen mehr als dreihundert Druckseiten, verfaßt in den verschiedensten Lebenslagen, Aufregungen und Stimmungen. Überall die bestimmtesten Aussprüche, Behauptungen, Darstellungen — und besiegelt mit meinem ehrlichen Namen. Kann ich alles aufrecht halten? Wenn es falsch wäre! Irrtümer, Albernheiten! Und es ist schwarz auf weiß, es ist untilgbar mit meinem Namen verknüpft. O Buchstabe, du bist fürchterlich!

Ein guter Bekannter, der Notar Eckel, tröstete ihn. „Wenn du einen Vertrag schreibst," sagte dieser, „oder auch nur einen einfachen Leutbrief, da heißt's fix sein! Jedes Wort wägen, für jedes mußt du mit deinem ganzen Namen und Menschen einstehen. Bei einem Druckwerke, wenn es ein Dichter schreibt, ist es anders, das nimmt man nicht ernst im kleinen bürgerlichen Sinne, sondern ernst im großen menschlichen. Da darfst du heute verneinen, was du gestern bejaht hast, und morgen einen Spaß machen aus dem, was dir heute ernst war. Denn du sprichst nicht als die Person Felix, du sprichst als Mensch überhaupt, im Sinne und im Namen irgend eines oder vieler Menschen. Du bist der öffentliche Ausdruck dessen, was Tausende wandelbar empfinden und meinen; du magst drucken lassen was du willst, so toll, so verschroben es sei, ein Teil der Menschen wird dir immer recht geben: und du magst das Größte, Schönste und Wahrste sagen, ein Teil wird dir immer widersprechen. Darum nicht nach rechts und nicht nach links geschaut, nicht nach vorwärts und nicht nach rückwärts — was dir heute ist, was du heute fühlst, sinnst, erlebst, das schreibe, und der Mensch in dir und die Menschen für dich werden es verantworten."

Einen Juhschrei that Felix. Das ist doch gar zu leicht. Ich darf meiner Natur, meiner Neigung frei die Zügel schießen lassen, schreiben nach Belieben und Laune und ich bekomme noch Ehrengeschenke dafür! Giebt es ein schöneres Leben auf der Welt als das meine?

„Ich glaube nicht, daß es ein schöneres Leben giebt als ein Dichterleben," antwortete der Notar. „Aber ein echter Dichter muß es sein, der nicht aus Buchstaben wieder Buchstaben schreibt, sondern aus dem vollen Leben schöpft. Ein Dichter, dessen Herz voll ist von allen Freuden und Leiden der Welt und in welchem Glück und Weh der ganzen Menschheit sich vereint wie in einem Brennpunkte. Ein Dichter, der für all das die richtige Form findet, die einfache, klare, schöne, verständliche, lebendige Ausdrucksweise. Ein Dichter, der dichten müßte, auch wenn es dafür keine Ehrengaben gäbe, sondern vielmehr Kerker und Scheiterhaufen — ein solcher echter Dichter — man nennt ihn mit Recht gottbegnadet — führt gewiß das schönste Leben auf der Welt, solange bis er verbrannt wird oder verhungert."

Felix blickte dem Notar ins Gesicht und sagte: „Freund, du sprichst, als ob du selber einer wärest."

„Sei versichert, ich bin keiner," versetzte der Notar und legte dem jungen Manne die Hand auf die Schulter. „Doch ich wollte einmal einer sein. Wer es nicht hat, der weiß, was ihm fehlt; wer es von Natur aus hat, der weiß nicht, was ihm fehlen könnte. — Weil ich als Gymnasiast in der Schule Verse machen lernen mußte und ihrer auch recht glatte machen konnte, so kam ich in den Wahn, ein Dichter zu sein. Ein Dichter, wie herrlich! Ohne etwas gelernt zu haben, ohne viel Körperkraft und Werkzeuge so drauf losschreiben, Ehre! Ruhm! Geld! Nur Gescheitheit gehört dazu, und gescheit natürlich ist jeder. Ich weiß viele, die von sich selbst sagen, daß sie klein, schwach, krank, ungeschult sind, aber keinen, der zugiebt, daß er dumm ist. Und am wenigsten giebt das der zu, der es ist. Daher die unzähligen Genies. Ich suchte Gedanken, jagte nach Gedanken und stahl Gedanken,

alte Gedanken, banale Gedanken, hundertfach schon aus=
gepreßte Gedanken, um sie in Verse zu setzen; und
konnte ich Gedanken nicht aufbringen, so begnügte ich
mich mit leerem Wortgeklingel, welches ich nach aka=
demischem Rezepte zu erzeugen wußte. Ein paar sol=
cher Dinger wurden richtig auch gedruckt, und das
war mein Unglück. Nun war ich der unerschütter=
lichsten Überzeugung, daß in mir ein großer Retter
der Poesie, ein Klassiker der Zukunft geboren sei, und
ich machte täglich mein gewisses an Gedichten, Epen,
Dramen, Novellen, Romanen. Ich zählte nicht allein
im Metrischen die Silben, sondern auch in anderen
Dichtungsarten die Zeilen — wegen des Honorars.
Denn von meinem Handwerke wollte ich auch leben
können. Hörte ich doch von so manchem, der — weil
für alles andere untauglich — zu den Schriftstellern
gegangen sei. Meine Studien hatte ich anfangs ver=
nachlässigt, nach dem Durchfall bei einer Prüfung auf=
gegeben. Nun ging aber sachte mein Mißgeschick an.
Bald stellte es sich heraus, daß ich ein zu großer
Dichter war; ich wurde nicht aufgefaßt, nicht ver=
standen, konnte von der kurzsichtigen Gegenwart noch
nicht gewürdigt werden, wie das ja allen Genies so
ergeht. Meine Schöpfungen wurden nirgends ange=
nommen, meine Manuskripte bildeten ganze Mauern
um mich, ich saß wie in einer sicheren Burg und
schrieb und schrieb — und hungerte, wie es ja allen
Genies so ergeht. Es traf alles zu!"

„Nun?" fragte Felix, „und weiter!"

„Zur Zeit machte ich die Bekanntschaft mit einem Leidensgenossen, der ebenso schuf wie ich und ebenso hungerte. Zwei Geistesheroen, die einst so nebeneinander auf dem Sockel stehen werden, wie heute Goethe und Schiller zu Weimar! Eines Tages begann mein Genosse, der ebenso unerschütterlich an sich glaubte, als ich an mich, mir seine Dichtungen vorzulesen. Da begriff ich sein Schicksal freilich, denn diese herrlichen Schöpfungen waren schnödester Schund. Das machte mich nachdenklich, denn im einzelnen ähnelten sie meinen Erzeugnissen, und allmählich kam ich, durch sehr frugale Lebensweise ernüchtert, auf den Gedanken — bei Gott, es war der beste meiner ganzen litterarischen Laufbahn! — meine eigenen Werke möglichst ebenso gegenständlich und kühl zu prüfen, wie ich die des Kameraden geprüft hatte und —. Entweder ich war zur Erkenntnis gekommen oder des Hungerns satt, an einem der nächsten Tage schrieb ich meinem Vater, er möchte mir doch seine Hilfe wieder gewähren, ich wolle meine Studien beenden und ein praktischer Mensch werden. — Und das, lieber Freund, ist die tausendfach sich wiederholende Geschichte des Genies, das kein Talent hat. — Felix, du bist glücklich, dir hat es die Natur gegeben."

Also sprach der Notar und Felix gewann eine gewisse Hochachtung vor sich selbst. Er schritt von nun an strammer über die Gasse als sonst, er blickte kecker aus und der Kreis seiner Freunde erweiterte sich von Tag zu Tag. Es standen bald nur noch wenige Häuser im Orte, in welchen das Buch: „Am Webstuhl der Zeit" nicht zu finden war. Ein rechter Stolz für die Leute, daß der Verfasser dieses Buches einer der Ihren! Den Pfarrer wollte es schier verdrießen, daß man das neue Werk neben die Bibel legte, aber öfter darin las als in dieser; er wäre gerne ganz allein der Hüter und Ausleger des Buchstaben gewesen im Orte. Insgeheim ergötzte er sich aber doch an dem „Weberbüchel"; solange Felix sich nur in Religion nicht hineinmischt! meinte der würdige Herr. Sein Amtsbruder in der Nachbarspfarre bedauerte gerade im Gegenteile, daß die Dichtungen so gar nichts religiöses an sich hätten, so weltlich wären. Auch anderes Für und Wider gab es, die Zeitungen schrieben Artikel über den „Webstuhl der Zeit" und in den Wirtshäusern wurden laute Gespräche geführt über das Werk und den jungen Dichter, als ob er Napoleon wäre oder der Graf von Luxemburg oder so einer! Die Berühmtheit war fertig.

Um solche Zeit war es, daß Felix dem Fräulein Euphrosine einmal auf der Treppe begegnete. Er rückte grüßend seinen Hut und wollte ihr höflich ausweichen, sie aber blieb mitten auf der Stiege stehen und fragte: „Wohin gehen Sie denn, Herr Felix?"

„Ich? Nur so ein bissel umher," war seine Antwort.

„Man sieht Sie ja gar nicht mehr," sagte sie mit einer Miene, die fast vorwurfsvoll that.

„Das wundert mich," antwortete er, „ich bin nicht kleiner geworden und stehe ganz nahe vor Ihren Augen, Fräulein Euphrosine."

Das Fräulein ließ sich aber nicht irre machen „Sie sollten doch einmal mit uns den Kaffee trinken und uns ein paar Ihrer Gedichte vorlesen."

„Ja gern," sagte Felix, „vielleicht das ‚Lebkuchenherz', wenn Sie wollen."

„Das mag ich nicht," versetzte sie mit schalkhaftem Unwillen.

„Dann will ich wieder zum Floßwarter Dirndel hinübergehen, die das Lebkuchenherz mitsamt der Liebe verschluckt hat. Ich wünsch' guten Abend."

Hierauf schritt er treppnieder. Das Fräulein stieg die letzten Stufen hinan und was sie in jenem Augenblicke bei sich empfunden, das hat sie jedem verläugnet, also dürfen auch wir es nicht wissen.

Felix ging richtig hinaus vor das Dorf, wo am Fichtenschachten das Floßwarterhäusel stand. Dort guckte sie schon zum Fenster heraus, mit den hellen Äuglein winkend: Komm nur, mein herziger Bub'! — Seit jenem Tage, als sie das Lebkuchenherz verzehrt, welches ihr die Bürgermeisterstochter hergeschenkt, hatte sich das Dirndel merkwürdig verändert. Damals noch ein halbes Kind, jetzt rundlich auswachsend, keckschelmische Augen, ein rosiges Mündchen, volle Wänglein, und das mehr als ein Paar. Es ist erstaunlich, was so ein Lebkuchenherz kann, wenn man es ißt mitsamt den Zuckerbuchstaben: „Ich liebe Dich!"

Sofort holte das Dirndl den „Webstuhl der Zeit" hervor, als der Bursche eintrat, allein Felix sagte: „Agathel, heute wird nicht gewebert mit dem Büchel. Ich komme dir zu sagen, daß ich endlich Ernst machen will. Hier ist meines Bleibens ja doch nicht. Ich bin noch nicht ganz, will es aber werden. Ich brauche Ausbildung, Anregung, ich muß Erfahrungen sammeln, streben, hoch hinauf! — ich will fort in die Welt."

Das Dirndel zupfte ein Weilchen am Schürzenzipf, dann sagte es leise, ohne aufzublicken: „Ich habe mir's gedacht. Mir hat ja geträumt davon: ein weißer Buchstabe hat dich zu mir gebracht und ein schwarzer nimmt dich wieder weg. — Es wär' auch zu fein gewesen. Ich bin ein armes Wesen, so gut darf's mir nicht gehen auf der Welt, daß ich bei dir kunnt sein. Du wirst eine schöne, vornehme Frau finden. Mir ist's schon recht, Felix, nur ein einzigesmal möcht' ich sie sehen und ihr zu Füßen fallen und sie bitten: Mach' ihn recht glücklich . . ."

Eine Flut von Schmerz wogte durch ihr Wesen, sie biß tapfer die Zähne zusammen und verwand.

„Ich habe dir nur ruhig zugehört, Agathel," sagte jetzt Felix, „weil ich mein Lebtag noch keine so närrische und so herzliebe Red' gehört hab'. — Wie willst denn das anstellen, möcht' ich wissen, daß du der schönen Frau zu Füßen fallen kannst? Das Ge=

schäft, vor dir selber zu Füßen zu fallen, wirst schon mir überlassen müssen. — Schau, da liegt er schon. Agatha, mein Herzlieb, bleibe mir gut, bis ich wieder heimkomme und nachher — nachher erst recht!"

Einige Tage später, als die zwei jungen Leute auseinandergingen, schluchzte das Dirndel: „Ich hab' glückselige Stunden mit dir gelebt."

„Es wird schon noch besser kommen," sagte er. „Halt' dich nur tapfer."

Dann blies auch schon das Horn des Postillons.

Zwischen den Liebenden lagen Berg und Thal und ganze Länder. Agathe fühlte, dachte nur Liebe und nichts als Liebe. Felix fühlte und dachte auch noch Ruhm.

* * *

Daheim, Kindheit, Jugend, erste Liebe! hinter ihm, hinter ihm. — Seine weiteren Straßen der Welt, nur flüchtig können wir sie andeuten, und kühl wird uns und kalt bis ins Herz hinein.

Der Buchstabe! Mit diesem Stabe war er bisher einen seltsamen Weg gewandert, der Buchstabe lockte, leitete ihn, trieb ihn, hetzte ihn. Die Stadt, die Studiensäle, die Büchereien, die schöngeistigen Anstalten, die Zeitungen, in alles, was aus Buchstaben gebaut war, flocht sich sein Leben, sein Herz wie in ein Rad.

Alles, was er sann und dichtete, setzte sich in Buchstaben um. Immer mehr dürstete ihn nach den schwarzen Tinten und Typen, die sein Lob sangen, seinen Ruhm verkündeten. Geringer wurde sein Mitleben mit anderen Menschen und Dingen, geringer sein Streben nach Freude der Jugend, nach Freundschaft, nach häuslichem Glücke, nach anderen Vorteilen der Welt. Die Begierde nach Ruhm erfüllte sein Herz und der Ausrufer seines Ruhmes, der schwarze Buchstabe war fast sein einziger Genosse und Freund.

Und dieser ließ es wahrlich nicht fehlen. Felix' Name wuchs Jahr für Jahr, sein Ruf verbreitete sich in viele Lande, in fremden Sprachen selbst ward er geehrt und erhoben. Die Werke, welche Felix schuf, steigerten sich mit jedem neuen an Reise, Bedeutung, Vollendung. Und der Buchstabe des Litteraturrichters nahm endlich nicht Anstand, Felix als den größten Dichter seiner Zeit zu bezeichnen.

In seiner glanzvollen gesellschaftlichen Stellung, umkreist von Bewunderern, umgeben von Pracht, umworben von schönen Frauen, gefeiert wie ein Gott, fand Felix nicht allzu oft Zeit und Stimmung, zurückzublicken auf den Weg, den er gekommen, nach vorwärts richtete sich sein Blick, seine Sehnsucht. Am Himmel stand mit leuchtenden Buchstaben geschrieben: Unsterblichkeit! Wohl that es ihm aber doch, wenn einmal sein heimatliches Dorf, sein klappernder Webstuhl und die alten Bekannten auftauchten in seiner

Erinnerung — der Abstand, der ungeheure Abstand von damals und jetzt erfüllte ihn mit Befriedigung. Man ist sehr kindisch gewesen auf dem Dorfe . . . Euphrosine! Agathe! Gute Kinder! — Die eine ist glücklich vermählt, wie man hört . . . .

Künstler und Dichter sollen nicht heiraten. Wenn der Dichter für alle ist, so müssen wohl alle für ihn sein. Wozu sich da kümmern um Weib und Kind und Broterwerb! Das sollen die Philister thun; der Dichter hat eine andere Welt zu besorgen, die er den Leuten erschafft wie ein Gott und in der sie sich nach Belieben ergehen und erheitern können. Einer für den andern. Und daß ein Schöpfer der Welt um Haus und Magd und Wurm sich nicht härme, das versteht sich doch von selbst. Die Liebe muß er beschreiben und besingen, also sie auch kennen lernen in allen ihren Arten, wieso das, wenn er an einem Weibe kleben bleiben wollte? Die Menschen, das Leben muß er erfassen, wieso das, wenn er in einem engen Neste hocken bleiben müßte? Die Dichtung gehört zu den sieben freien Künsten, der Dichter also zu den sieben freien Männern.

Der Buchstabe war's, welcher ihm solches zuflüsterte, und wieder dem Buchstaben kam es zugute, wenn diese Einflüsterungen Gehör fanden. Ins weite geht des Dichters Weg, in der Zukunft liegt sein Ziel: für die Gegenwart ersetzt ihm der Buchstabe alles, dieser ist ein Zauberstab, der Geist und Herz in den Bann legt.

Allmählich begann Felix' Wange blasser zu werden, sein Haar vom Blonden ins Graue zu schillern. Sein Auge aber blieb jung, wurde immer noch lebhafter, sein Auge wurde zum Brennpunkte, in welchem alle Lust und aller Schmerz der Menschen gewaltig sich zu vereinigen schien.

Die begeisterte Bewunderung, welche ihm gezollt wurde, erweckte naturgemäß eine Gegenströmung, welche wiederum die Folge hatte, daß seine Anhänger noch strammer zu ihm hielten und anhuben, den Dichter nachgerade zu vergöttern. An einem lauschigen Plätzchen des Stadtwaldes ward ein künstlerisch ausgeführter Brunnen errichtet, dessen weiße Marmorfiguren Hauptgestalten aus Felix' Dichtungen versinnlichten. Und auf dem Mittelbaue des Brunnens stand mit goldenen Buchstaben weithin leuchtend der Name des Dichters. Wenn Felix durch den Stadtwald lustwandelte, so war es kein Wunder, daß er gerne den Weg einschlug zu dem Brunnen hin, an welchem sein Ehrgeiz so reiche Nahrung fand. Es that ihm nur leid, daß das Werk nicht mitten auf dem Marktplatze stand, von allem Volke gesehen und umwogt, und wie trefflich würde es sein, wenn dann der Marktplatz den Namen Felixplatz erhielte!

Allein auch der ein wenig abgelegene lauschige Platz im Walde hatte viel für sich. Mehrmals schon hatte Felix auf der steinernen Bank, welche vor dem Brunnen in einer Halbrunde sich hinzog, eine blasse, schwarz=

gekleidete Dame sitzen und aus einem Buche lesen ge=
sehen. Blasse, schwarzgekleidete Damen, die einsam
im Stadtwalde umhersitzen, sind immer interessant,
besonders für einen Dichter. Felix konnte es also nicht
unterlassen, eines Tages ganz nahe an der Gestalt hin=
zustreichen, sie stumm zu grüßen und dabei einen Blick
auf das Buch zu werfen, welches sie in der Hand hielt.
Es war richtig sein neuestes Werk. Am nächsten Tage
war sie wieder hier und der Dichter begann mit ihr
eine Unterhaltung. Das ging ja sehr leicht, sie be=
hauptete, ihn schon lange persönlich zu kennen, und
zwar bis in den innersten Winkel seines Herzens, da
es wohl keine Zeile von ihm gedruckt gäbe, die sie
nicht gelesen. Felix fand, daß die Dame sehr anmutig
und sehr geistreich sei. Sie fanden sich also fast täg=
lich am Brunnen und endlich lud die Frau den Dichter
ein, an einem Abende bei ihr den Thee zu nehmen. —
Das kann eine Lebenswende bedeuten, dachte Felix,
denn endlich würde es doch an der Zeit sein, auch an
das häusliche Glück zu denken. Und eine schöne, an=
regende Frau ist ein Ding, welches der Poet auf die
Länge nicht entbehren kann.

Wie war aber Felix erstaunt, als er anstatt einer
gemütlichen Bürgerswohnung, die er zu finden hoffte,
in glänzend ausgestattete Salons trat, an den Ein=
gängen von Lakaien umkrochen, in eine zahlreiche vor=
nehme Gesellschaft von Herren, welche den Zwicker auf
der Nase oder ein Glas ins Auge geklemmt, ein wenig

näselnden und lallenden Tones ihm die schmeichelhaf=
testen Worte sagten. Dabei blickten sie ein bischen
von oben herab auf den Dichter; auch solche, welche
kleiner waren als er, verstanden das zu machen. Felix
hatte aber nur Augen und Ohren für die Hausfrau,
die heute in ihrem Rosakleide mit halb entblößtem
Busen unbeschreiblich reizend war und den neuen Gast
besonders auszeichnete. Einen nächsten Besuch machte
Felix bei der Gräfin Andrea zu solcher Zeit, in wel=
cher er eine weniger große Gesellschaft bei ihr zu finden
fürchten mußte. Es waren außer der Gesellschafterin
richtig nur drei oder vier Herren da. Einer davon,
ein blondes Barönlein in Husarenuniform und mit
magyarisch aufgespitztem Schnurrbarte trieb allerhand
Späße und machte sich dabei so bedientenhaft um die
Hausfrau zu schaffen, daß Felix unsicher war, ob er
ihn zu den Herren oder zu den Lakaien zählen solle,
oder ob es am Ende so eine Art von übriggebliebenen
Hofnarren wäre. Die besonderen Bevorzugungen, deren
der Poet von der Gräfin sich zu erfreuen hatte, ließen
es ihn eines Tages versuchen, bei der Dame einzutreten
zu einer Stunde, in welcher sie keine Besuche zu em=
pfangen pflegte. Aber er hielt sich sehr kurz auf, er
hatte gestört. Der Husar war bei ihr. — Ja, mein
lieber Felix! So wie man in vornehmen Häusern
gerne exotische Pflanzen, präparierte Tigerfelle, leben=
dige Papageien und derlei hat, um Wohnung und
Gesellschaft zu zieren und zu erheitern, so sieht man

in solchen Kreisen zeitweilig auch gerne das Wundertier, Poet genannt. Bist du geheilt?

Felix ging hinaus und mußte weinen. Das erstemal empfand er, wie kalt es war in der Welt. Ruhm! Ist das nicht wie ein sonniger Wintertag! Überall glitzert's und leuchtet's, tausend Funken und Flämmlein sprühen in Eis und Schnee — und doch alles kalt! Glückselig der, welcher von den winterlichen Fluren aus Frost und Nebel am Abende heimkehren kann zum trauten häuslichen Herde . . . .

Felix begann zu altern. Das Dichten und Schaffen ging nicht mehr so leicht von selbst, wie einst, er mußte sich manchmal dazu anstrengen. Doch arbeitete und schrieb er jetzt eher mehr als weniger, weil er halb unbewußt die Notwendigkeit fühlte, den Ruhm mit immer neuen Erscheinungen aus seiner Feder frisch zu erhalten. Denn es waren jüngere Kräfte aufgestanden, Talente, die es ihrer neuen Zeit besser zu Dank machten, als der Dichter aus älterer Epoche, an dem man sich zu sättigen begann. Der Neid war ein Laster, welches Felix stets am heftigsten verabscheut hatte; das mußte er sich jedoch jetzt gestehen: angenehm war es nicht, zu lesen, wenn die Zeitungen eine junge Dichtergeneration erhoben und es dabei nicht lassen konnten, manchen Seitenhieb auf die sich überlebten Verseschmiede und Romanweber zu führen. Er selbst las überhaupt fast nichts mehr, stöberte nur Tag für Tag mit Hast und Gier alle Zeitungen durch nach Notizen über sich oder seine Schöpfungen. Längst, oh längst hatte er die Bedeutungslosigkeit solcher Schreibereien eingesehen, selbst oft öffentlich seine Mißachtung vor Journalrezensionen und Notizen ausgesprochen, ja pathetisch sogar die Nichtigkeit des Schrifttums überhaupt betont, und doch war er glücklich, so oft er in irgend einem Blatte oder Blättchen eine seine Person erhebende, seinen Genius rühmende Bemerkung fand; und wie tief kränkte es ihn, wenn er hämisch oder wegwerfend erwähnt wurde. Also war es, daß dieser Mann einzig nur mehr nach Ehre und Ruhm lechzte, daß er nur mehr den Blättern nachjagte, um zu sehen, ob sie ihn lobten oder vernachlässigten oder mißachteten. Und er, der zum Beginne seiner Laufbahn fast beklommen errötete vor öffentlichem Lobe, der in der Zeit seines begeisterten Schaffens stolz war, fast ablehnend gegen die Journalistik und nur seine Werke sprechen lassen wollte, er legte es jetzt seinen Freunden nahe, über ihn zu schreiben, er ward überaus zuthunlich gegen Zeitungschreiber und endlich ging er in die Redaktionstuben und bat geradezu um öffentliche Anerkennung. O Dämon Buchstabe! So kannst du den, der dir sich ergeben hat, hetzen, ruhelos machen, thöricht machen, erniedrigen.

Seine Existenz hatte bisher nach außen hin den Schein des Wohlstandes getragen, im Innern jedoch begann es sich jetzt fühlbar zu machen, daß Felix die Güter der Erde schnöde verachtet hatte. So leicht, als Gold und Silber hereingekommen, so leicht war es hinausgestreut worden. Sein Wohlthun war nicht so sehr ein Bedürfnis des Herzens gewesen, er wollte damit vor allem als Philosoph seine Großmut, seine Verachtung irdischer Güter beweisen, und daß er Höherem zustrebe, als dem Mammon. Nun aber mußte er erfahren, daß das Höhere, dem er zugestrebt, nämlich Ehre und Ruhm, nicht weniger eitel war, als Mammon. Ja, er hätte mit diesen geistigen Gütern nicht einmal Hungernde speisen, Nackende bekleiden können. Mit seinem Ruhme hatte er niemanden erfreut, und die Freude, die er selbst daran gehabt, war nie voll gewesen und sie versauerte jetzt in Verbitterung, nachdem sein unstillbarer Ehrgeiz nicht mehr genügend genährt ward.

Also herabgekommen schritt Felix eines Tages durch die Stadt. An den Auslagkästen der Buchhandlungen hatte er sich sonst gerne ergötzt, heute nicht mehr, denn dort prangten lauter Werke der Jungen und Neumodischen. Wollte er Bücher von sich sehen, so mußte er bei den Antiquaren anklopfen.

Da war es, daß Felix eines Tages durch dunkle Vorstadtgassen schritt und in eine Handlung von alten Büchern eintrat. Da drinnen war es fast dunkel, denn das einzige Fenster des Ladens war die halboffene Thür. Zwischen Bücherstößen und Bündeln von alten Zeitschriften hockte ein altes Männlein, zusammengekauert wie Herr Knickebein. Es hatte ein kleines, fast fleischloses und fahles Gesicht, eine scharf hervorspringende, etwas kurz gewachsene Nase, ein zartes, graues Schnurrbärtchen und einen fast weißen Spitzbart. Aber zwei Äuglein waren in diesem abgelebten Haupte, welche ein warmes, grünliches Feuer sprühten, jetzt als der Mann eintrat und in den alten Büchern zu kramen begann.

„Etwas Poetisches suche ich," sagte Felix.

„Etwas Poetisches!" sprach es der Alte mit dünnem Stimmlein nach. „Die Menge vorhanden. Hier!" Dabei wies er auf einen Bücherstoß, aus welchem eine Staubwolke aufstieg, als Felix ein paar Bände davon in die Hand nahm.

„Von Friedrich Gotthold Müller!" rief Felix aus. „Wer fragt noch nach diesem alten Schmarn. Zur Zeit als ich ein Knabe war, las man Gedichte von Friedrich Gotthold Müller!"

„Jawohl!" seufzte der Buchkrämer. „Damals las man sie, wie man heute die Werke von Felix liest und nach dreißig Jahren die Poesien von so und so lesen wird."

„Wie?" fragte Felix mißgestimmt, „Sie geben dem berühmten Dichter nur etwa dreißig Jahre Unsterblichkeit!"

„Unsterblichkeit, so lang Sie wollen, Herr Doktor, beim Antiquar. Man glaubt nicht, wie haltbar echtes Hadernpapier ist!"

„Sie kennen mich?"

„Gott, wer soll den berühmten Dichter Felix nicht kennen! Das gehört zur Bildung, so wie einst ein Mensch, der den Friedrich Gotthold Müller nicht gekannt, aus jedem Salon hinausgewiesen worden wäre. Aber ihr Modernen vergesset aufs Beten. Jawohl, beten muß man. Wenn man anfängt berühmt zu werden, muß man allsogleich auch anfangen zu beten um die Kraft, das Unglück zu ertragen, wenn man seinen Ruhm überleben muß. Man kann seine Freunde, sein Weib, man kann alle seine Kinder überleben, man erträgt dies, aber seinen Ruhm zu überleben, lebendig an seinem eigenen Grab zu stehen, die Mißachtung mitanzusehen, die man seinem Staube zollt, das, Herr Doktor, erträgt sich verdammt schwer. So habe ich an jedem Morgen und jedem Abend gebetet: Vor Pest und Hunger und Ehrgeiz bewahre mich, o Herr! — Große Geister, die vor mir waren, die eine Welt erfüllten mit ihrem Ruhm, ich sah sie verwesen. Im prangenden Kranze des Lorbeers sah ich, daß auch meine Verwesung kommen mußte. Sie kam und ich habe sie ertragen."

„Das eingebüßte Renommé eines Geschäftsmannes —" sagte Felix mit wegwerfender Geberde.

„Doch nicht, Herr Doktor, auch ich war einmal Dichter. Sehen Sie dieses Porträt an. Ein wahrer Tassokopf, nicht wahr!"

„Ach ja, das ist ja der alte Friedrich Gotthold," rief Felix aus, als er den vergilbten Stahlstich betrachtete. „Kann mich noch erinnern an dieses Bild in seinen Gedichten."

„Die Ähnlichkeit mit dem Original soll nicht mehr sehr frappant sein," bemerkte das alte Männlein. „Vergleichen Sie doch ein wenig." Damit streckte er sein Häuptlein vor. „Etwas schäbig ist er geworden, nicht wahr?"

„Werden doch Sie nicht —!" rief Felix aus.

Antwortete hierauf der Alte mit komischer Würde: „Ich bin der große Dichter Friedrich Gotthold Müller."

Felix behauptete, um sein Erstaunen zu verbergen, dreist, es wäre nicht möglich, in seinem Innern aber rief es: Wahrhaftig, er ist's!

„Als die Großbuchhändler meine Bücher nicht mehr nehmen wollten, bot ich sie den Sortimentern an," erzählte der Alte mit einer lustigen Behaglichkeit, „als diese mich auch fortgehen ließen, — aber höflich waren sie zum Entzücken! — da begab ich mich zu den Antiquaren. Endlich wollten auch die Antiquare nichts mehr von mir haben, da mietete ich mir diese Etablissements und verkaufte meine Werke selbst. Und als ich nichts mehr verkaufen konnte, verlegte ich mich sogar einmal auf das Hausieren und hub an, die Werke zu verschenken. Suchen Sie sich immerhin etwas aus, Doktorchen! Haben Sie kein verliebtes Stubenmädchen zu Hause? Ach Gott, was die Liebe den Dichtern für Dienste leistet! Nicht mehr? die uns nicht mehr? Ja, daß die Dichter endlich alt und lahm werden, das versteht man, aber daß auch die

Gedichte —! Ei, ei!" So plauderte das hagere Männlein weiter. Unserem Felix war nicht wohl zu Mute, der große Dichter Friedrich Gotthold Müller aber legte seine Bücher wieder sorgfältig auf den verstaubten Stoß und hub an zu pfeifen.

Felix hatte bei diesem Manne etwas gelernt. Ein paar Jahre später ging im Lande ein vollbärtiger, langhaariger Mann um und trug auf dem Rücken in braunem Tuch ein vieleckiges Bündel. Er ging hausieren mit den Werken von Felix. Doch das Geschäft wollte nicht recht blühen. Die einen, bei denen er anklopfte, sagten, sie hätten das Zeug schon gelesen, die anderen bekannten in guter deutscher Freimütigkeit: sie kauften keine Bücher. Noch andere versicherten dem schlanken Hausierer: diesen Felix, den möchten sie nicht. Ein einziges Dorfschulmeisterlein kauft alle die Werke des Dichters und während die Dorfgenossen ihr Abendbrot verzehrten, saß es in seiner Kammer und las in den Büchern. Ja, schön zu lesen, das waren sie schon, aber der Appetit, den man dabei bekommt! Der Hausierer hörte von diesem Appetit und gab dem Schulmeisterlein das Geld zurück, daß dieser sich wieder sein Abendbrot kaufen konnte.

Als Haar und Bart des Hausierers schon sehr lang und wüst und sein Gesicht sehr braun, und sein Rock sehr fadenscheinig geworden waren, wagte er sich mit seinem Bündel in die Gegend, in welcher vor vielen Jahren der berühmte Dichter Felix geboren worden.

Der alten Hütte ging er zu, wo er einst das Licht der Welt erblickt, er wollte sehen, ob die steinerne Tafel noch da wäre, die man einst an der Geburtsstätte des großen Mannes angebracht. An der Wand, wo der Stein gestanden, hing ein üppiges Spinnengewebe. Weberbursche von ehemals, was sagst du zu diesem Gespinst? — Rasch ging er weiter. Am Waldrande stand ein kleines Bauernhaus, dort sprach er zu, um anzufragen, ob man nicht etwa geneigt sei, ein Tausch=
geschäft mit ihm einzugehen — für ein schönes, gehalt=
volles Buch einen Löffel Suppe . . .

Die Thür stand offen, auf dem Herde brannte ein lustiges Feuer, da war niemand. Der Hausierer wirft sein Bündel auf die Bank, daß er rasten kann, blickt umher; alles arm, aber niedlich und ordentlich. An der Wand ein Glasschrank mit Büchern. Schau! — Und wie er näher hinguckt, sind es alle Werke von Felix, nett gebunden und genau nach der Reihenfolge des Erscheinens geordnet, vom „Webstuhl der Zeit" an, bis zu der großen Dichtung: „Die Ewigkeit," welche ihrem Titel so wenig Ehre gemacht. — Der Tausend, jetzt glühte sein Selbstbewußtsein auf wie schon lange nicht mehr! Bevor er aber noch darüber nachdenken konnte, welchen großen Verehrer er denn hier besitzen könne, trat ein altes Weib zur Thür herein. Es kam vom Ziegenstall mit einem Milchzuber. „Guten Morgen!" und „Was wollt Ihr denn?" Also gab ein Wort das andere.

Wem diese Bücher gehörten?

„Uh, mein Gott! Die haben wir vor vierzehn Tagen auf den Kirchhof getragen. Die alte Jungfrau Agathel! Ein guter, armer Narr. Die hat ihren letzten Kreuzer verthan für das Büchelwerk da, hat Tag und Nacht gelesen und noch nicht genug gehabt. Hätt', scheint mir, auch den noch mögen haben, der sie geschrieben hat. Was weiß ich!" Der Mann wußte die alte Frau zu weiterem Gespräche zu veranlassen, und während der Arbeit mit den Milchgefäßen fuhr sie fort: „Die Agatha hat gemeint, er wird kommen und hat gewartet. Hätt' heiraten können, o wie oft! Ist Jungheit nicht übel gewest. Jesus Maria, bis sie eisgrau ist worden vor lauter Warten. Er kommt, hat sie gesagt, er kommt gewiß, er hat's versprochen! Und noch auf dem Totenbett hat sie's gesagt. Was weiß ich, endlich hat sie das Warten verdrossen und ist gestorben. — Wenn der Christenmensch nur wüßt', wo eins dieses Büchelwerk sollt' hinschmeißen, da in der Stuben ist kein Platz für so nutzlos Zeug!"

— — Das Tauschgeschäft, für ein schönes, gehaltvolles Buch einen Löffel Suppe! ist jetzt nicht mehr angestrebt worden. Der schlanke, alte Hausierer vergaß, daß Essenszeit war, vergaß auch das Bündel aufzuheben, ging hinaus, ging über die Felder hin dem Kirchhofe zu.

Gleich links am Zaun stand das neue, braun

angestrichene Holzkreuz und darauf in schwarzen Buchstaben den Bericht: „Hier ruht in Gott die tugendsame Jungfrau Barbara Floßwarter. Gestorben im neunundfünfzigsten Lebensjahre. Gott gebe ihr die ewige Ruhe."

Felix stand am frischen Hügel — starr wie das Kreuz. Man weiß nicht, ob er in dieser Stunde seines irdischen Irrweges sich bewußt geworden, nur der eine Gedanke zuckte durch sein Gehirn, was wohl beständiger sein, länger vorhalten möchte auf Erden: der Buchstabe im Buch, oder der auf dem Grabkreuze.